【超図解】「地図」と「並列年表」でよくわかる!

日本史&世界史

[監修]
FORUM-7 OKS世界史講師
祝田秀全

朝日新聞出版

はじめに

ようこそ、知識と楽しさ満載の日本史・世界史並列年表劇場へ！

ヒトは誰も、歴史に関心を持っています。それだけに歴史の楽しみ方も、ヒトそれぞれ。

〈自分が生まれた頃の日本は、どういう時代だったのだろう。そのとき世界では、どんなことが起こっていたのだろう〉。

ならば、日本史と世界史を年表にして並べたらどうだろう。それを見比べれば、日本と世界とのつながりも分かりやすいし、面白いのでは。ふたつの歴史年表を並べることで、ダイナミックな世界史から日本が見える。そして日本史から世界も眺められる。

どちらにしても、歴史と楽しくつき合えるのではないだろうか。並列された年表から「自分だけの発見」もあるかもしれない……。本書は、そういった着想からつくられた、今までにない斬新な本です。


たとえば、米国ペリーが黒船艦隊を率いて日本の浦賀にやって来たのは、1853（嘉永6）年。このときヨーロッパでは、ナポレオン戦争以来、最大規模の国際戦争が勃発します。激戦地は、黒海北岸のクリミア半島。そうです。クリミア戦争（1853～56年）です。世界進出への拠点となるべき「不凍港」を求め、ロシアは地中海に出ようとしました。これを欧州列国が、武力で封殺したのです。なぜでしょう。


19世紀半ば、欧米列国は競いあって、アジアに市場を求めます。産業革命をきっかけに、工業製品の量産が可能になったこと。それをさばくマーケットとして、消費人口の多いアジアは魅力的でした。欧州・アジア航路の要衝である地中海にロシアが出てくることを、列国は喜びませんでした。

そして、清国（現中国）を市場に取り込みたいイギリスは、アヘン戦争（1840年）・アロー戦争（1856～60年）をひき起こします。日本の開国も、こうした世界の趨勢《すうせい》の一コマに組み込まれるものでした。米国は、日本が清国と本国を結ぶ中継基地になると期待しました。こう見ると、ペリー来航は、アヘン戦争とクリミア戦争との三点セットとして大変意味のある事象であり、それぞれがひとつにつながっていることが分かります。並列年表で日本史と世界史を合わせて見ると、こうした歴史のつながりが浮かび上がってくるのです。


本書は日本史と世界史の事項を年表にして、並列にレイアウトされています。この一冊で、こと足りるということです。さらに日本史・世界史並列年表の楽しみ方を、より深めていただくため、世紀ごとに見開きで、簡略な「３ポイントでわかる！」世界史地図を織り交ぜています。同時代、世界の東西で、どんなことが起こっているのか。もっとも特徴的な事項が一目で分かるように掲載されています。

日本史と世界史の並列年表から、あなた自身の連想で、歴史の楽しみ方を「発見」してください。監修者としては、それがなによりの喜びです。

祝田秀全《いわたしゅうぜん》

目次

「地図」と「並列年表」でよくわかる！
【超図解】日本史&世界史

第1章 文明の誕生から封建社会へ

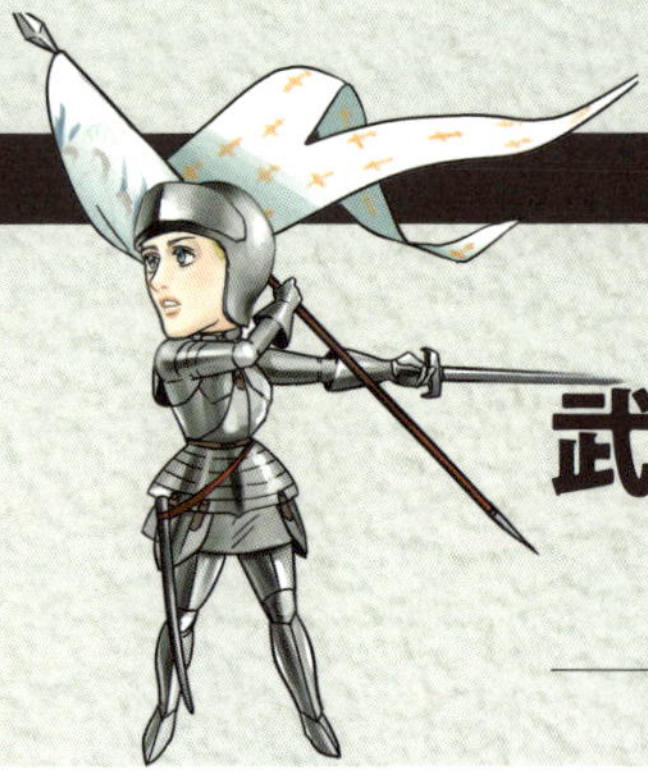

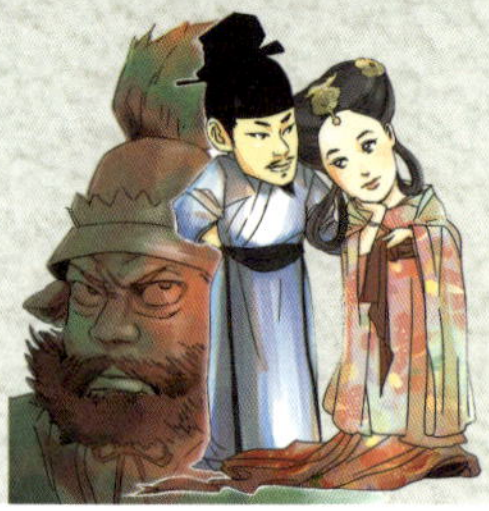

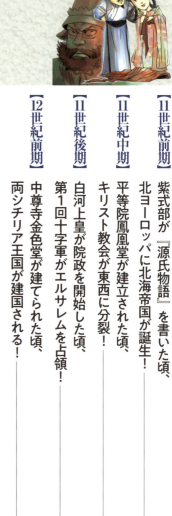

第1章 文明の誕生から封建社会へ

アフリカで誕生した人類は、長い旅を通じて世界中に拡散し、大河の畔で文明を建設。支配する者とされる者の身分差が生まれる。やがて君主の下にいる諸侯たちが領地の人民を統治する封建社会が各地で形作られていった。

東アジア・中国

黄河文明に始まる中国の文明圏では、周《しゅう》の時代に血縁に基づく封建制度が生まれる。その後、紀元前221年に秦《しん》の始皇帝《しこうてい》によって文明圏が統一され、その統治システムは漢《かん》の時代にも踏襲されて古代中国世界の礎となっていく。その後の中国では周期的に分裂と統一が繰り返され、220年に始まる三国時代、南北朝時代を経て隋《ずい》・唐《とう》が成立。唐崩壊後の五代十国《ごだいじっこく》時代を経て宋《そう》による統一が成し遂げられた。しかし、1126年、女真《じょしん》族の侵入により靖康《せいこう》の変が勃発。再び南北分断の時代を迎える。

主な出来事

- ●紀元前221年――秦の始皇帝が中国を統一する。
- ●618年――隋が滅亡し、唐が建国される。
- ●751年――タラス河畔の戦いが起こる。
- ●960年――趙匡胤が宋を建てる。

日本

1万3000年前頃、世界に先駆けて土器文化を生み出した日本は、紀元前4世紀頃に中国から水田稲作がもたらされると、中国文化の影響を受けながら緩やかな発展を続けていく。4世紀から5世紀にかけて、大和政権が全国に覇権を確立。645年に始まる大化の改新以降、中央集権化を進めていった。やがて11世紀末、藤原氏による摂関政治が終焉を迎えると、院政の時代へと移るなか、武家の台頭を迎える。

また、6世紀に伝来した仏教が独自の発展を続けながら浸透し、日本文化の根底を担うようになる。

主な出来事

- ●1万2000年前頃――縄文土器が発明される。
- ●538年――日本に仏教が伝来する。
- ●645年――乙巳の変が起こる。
- ●794年――平安京への遷都が行われる。

ヨーロッパ

ヨーロッパ文明は、エジプト文明の影響を受けてエーゲ海に成立したクレタ文明を起源とする。ギリシアではポリス社会が栄え、アテネにおいて民主制が成立した。やがてギリシア文明はマケドニアによって征服され、アレクサンドロス大王が東方遠征を敢行。オリエントにまたがる大帝国を築いた。一方その頃イタリア半島にローマが勃興。1世紀までに地中海制覇を成し遂げる。キリスト教が浸透する一方で、ローマ帝国が4世紀のゲルマン民族の侵入によって崩壊すると、ゲルマン国家が分立するなかでヨーロッパは封建社会へと移り変わっていく。

主な出来事

- ●紀元前1000年頃――ギリシアで都市国家（ポリス）が形成される。
- ●375年――ゲルマン民族の大移動が始まる。
- ●392年――キリスト教がローマの国教となる。
- ●800年――カールの戴冠。

アメリカ

アメリカ大陸には1万5000年前頃までに人類が到達した。その後、紀元前1250年頃にメソアメリカにオルメカ文明が生まれたのを皮切りに、紀元前後のメキシコ中央高原にテオティワカン文明が、7世紀頃のメキシコ中央高原にトルテカ文明が生まれるなど、南アメリカ、メソアメリカにマヤ・アステカ・インカ文明の前身となる文明が栄える。

主な出来事

- ●3万年前――アメリカ大陸に人類が到達する。
- ●紀元前1250年頃――メソアメリカにオルメカ文明が発祥。
- ●紀元前後――メキシコ中央高原にテオティワカン文明が始まる。
- ●7世紀頃――メキシコ中央高原にトルテカ文明が始まる。

西アジア

メソポタミア、エジプト、イラン、小アジアを含むオリエント地域で始まった農耕文化は、やがて紀元前3500年頃都市文明へと発展した。メソポタミア文明が発祥。さらにその影響を受けてエジプトのナイル川中下流域にもエジプト文明が生まれる。オリエント地域では肥沃《ひよく》なメソポタミアを中心に多くの民族が興亡を繰り広げたが、紀元前525年、アケメネス朝により統一された。同地域ではユダヤ教、キリスト教が生まれ、さらに7世紀、ムハンマドがイスラーム教を創始すると、教団国家が西アジアを制覇するに至る。

主な出来事

- ●紀元前3500年頃――メソポタミア文明が興る。
- ●紀元前525年――アケメネス朝ペルシアがオリエント世界を統一する。
- ●622年――ムハンマドが、メッカからメディナへ移住する（聖遷）。
- ●1099年――第1回十字軍によりエルサレムが陥落する。

どんな時代だった？

縄文土器が初めて作られた頃、クロマニョン人がラスコーの壁画を描いた！

今から約20万年前、アフリカはタンザニア地方の大地溝帯に誕生した現生人類（ホモ・サピエンス）。彼らは、やがてアフリカを出て世界への拡散を始める。

ヨーロッパへ至った一派は、旧人のネアンデルタール人としばらく共存していたが、やがてネアンデルタール人が生存競争に敗れて絶滅した。一方、ユーラシア大陸の海岸沿いを東へ向かい、アジアへ至った一派が日本人の祖先となる。彼らは石を打ち砕いて製作した打製石器を用い、狩猟・採集の生活を営んでいたが、1万2000年前頃までに縄目の紋様で飾り付けした縄文《じょうもん》土器を作り出した。

歴史の現場

千葉県千葉市の加曽利（かそり）貝塚。貝塚の分布からは当時の海岸線が浮かび上がる。

豆知識　姶良《あいら》カルデラの噴火

鹿児島の錦江湾《きんこうわん》に浮かぶ桜島は、実は巨大な噴火口の突出部分に当たる。錦江湾の北半分は桜島を南端とする巨大な噴火口となっており、「姶良カルデラ」とよばれている。

この姶良カルデラは、2万9000年前頃に大噴火し、九州や中国地方の旧石器時代人を絶滅させたといわれている。

豆知識　最古の日本人

2019年現在、最も古い日本の化石人骨は、1968年に沖縄県で全身骨が発見された約1万8000年前の港川原人とされる。

日本のできごと

3万8000年前頃
- 日本にホモ・サピエンスが到達。狩猟・採集中心の生活を営む。

3万5000年前頃
- ナイフ形石器・石斧《せきふ》など日本固有の文化が成立する。

2万9000年前頃
- 九州南部の姶良《あいら》カルデラが噴火する。

1万3000年前頃
- 土器・石鏃《せきぞく》（石製の鏃《やじり》）の使用が始まる。

1万2000年前頃　POINT 3
- **縄文土器が発明される。**
- 全国で集団生活が確立する。
- 集団墓地の形成、墓への副葬が始まる。
- 漁労生活が活発化し、各地に貝塚《かいづか》が生まれる。

6000年前頃
- 気候が温暖化し、海面上昇（縄文海進《かいしん》）がピークを迎える。

旧石器時代　縄文時代

世界のできごと

700万年前
- アフリカにサヘラントロプス（猿人）が出現する。

50万年前
- アジアに北京《ペキン》原人、ジャワ原人が出現する。

20万年前
- アフリカで現生人類（ホモ・サピエンス）が登場する。
- この頃、人類に埋葬の習慣が生まれる。

4万年前
- ヨーロッパにクロマニョン人（ホモ・サピエンス）が到達する。

2万8000年前　POINT 1
- **この頃、ネアンデルタール人が絶滅する。**

2万年前　POINT 2
- **フランスのラスコー、スペインのアルタミラでクロマニョン人が壁画を描く。**

1万年前
- 西アジアで農牧が始まる。

豆知識　意外な「世紀の発見者」

アルタミラの発見は1879年、アマチュア考古学者のサウトゥオラ侯爵の娘マリアによるもの。また、ラスコーの発見は1940年で、モンティニャック村の少年が、穴に落ちた飼い犬を友人と救出した際に発見されたもの。ともに子供による発見であった。

歴史の現場

北京原人とホモ・サピエンスの周口店上洞人の骨が発見された中国の周口店遺跡。

豆知識　最古の人類

現在最古の人類とされているのは、700万～600万年前のアフリカ中部に生息していたサヘラントロプス・チャデンシス。チンパンジーからヒトが分岐した時代の人類とされ、直立歩行を示す頭骨の化石のみが発見されている。

3ポイントでわかる!

有史以前の世界

アジア
4万5000年前
ケント洞窟
(イギリス)
アルタミラ
(スペイン)
ラスコー
(フランス)
ラガール・ヴェロ
(ポルトガル)
4万年前
ボケル・タクティット
(エジプト)
16万年前
アフリカ
4万9000年前～
4万7000年前
ジュワラプラム
(インド)
ジェベル・ファヤ
(アラブ首長国連邦)
インド洋
12万年前
北京原人の
化石発見
周口店
(中国)
3万9000年前
3万8000年前
山下町(那覇市)
4万6000年前
ニア洞窟
(マレーシア)
オーストラリア
2万年前
2万～1万5000年前
更新世(約260万～1万2000年前)の大半を通じ、海面の後退によってアジアと北アメリカは陸続きだった
沖縄県で1万8000年前頃に生きた港川人の化石人骨が発見される
太平洋
北アメリカ
アーリントン・スプリングス
(アメリカ)
氷に閉ざされていない無氷回廊を南下したと考えられている
トラパコヤ
(メキシコ)
大西洋
ペドラ・プラーダ
(ブラジル)
南アメリカ
チリ南部のモンテ・ベルデからは、約1万5000年前の遺跡が発見されている
モンテ・ベルデ
(チリ)
1万5000年前
フェルス洞窟
(チリ)
約20万年前
アフリカの大地溝帯が人類発祥の地とされている。
ネアンデルタール人と現生人類の交配種と思われる人骨の出土地
現生人類の主な遺跡
人類の拡散経路

POINT 1　2万8000年前 ネアンデルタール人が絶滅する

ネアンデルタール人(ホモ・ネアンデルタレンシス)は35万年前頃に登場し、芸術心や信仰心を芽生えさせ狩猟を行って繁栄した。だが、ヨーロッパへ進出したホモ・サピエンスに圧迫され、共存・交配しながら数を減らし、2万8000年前頃に絶滅したとみられる。

POINT 2　2万年前 洞窟壁画が描かれる

ホモ・サピエンスは世界各地の洞窟にさまざまな洞窟壁画を残している。そこは儀式的空間であったことが想像され芸術性とともに信仰心を芽生えさせていたことがうかがえる。

約1万8000～1万年前にかけて描かれたアルタミラやラスコーの壁画は有名で、そこには野牛やイノシシ、馬、トナカイが岩の凹凸などを利用して立体的に描かれている。

POINT 3　1万2000年前 縄文土器が発明される

1万2000年前頃の日本列島において、縄によって紋様をつけた縄文土器が登場。森林で採取された木の実などの食糧を煮炊きするために考案されたと考えられる。

文明発祥の地である西アジアでの土器の発生は紀元前5000年頃であり、日本の縄文土器が世界最古の土器とされている。

紀元前5世紀まで

どんな時代だった?

東北・三内丸山で縄文文化が栄えていた頃、世界の大河に四大文明が生まれた!

紀元前5000年頃、縄文人が現在の青森県三内丸山《さんないまるやま》に大規模集落を形成し、列島全域で縄文文化が栄えた。

三内丸山の集落が形成された頃、世界の大河の畔《ほとり》に四大文明が誕生する。すなわち黄河《こうが》の黄河文明、インダス川のインダス文明、ティグリス・ユーフラテス川のメソポタミア文明、ナイル川のエジプト文明である。また、東地中海の島々では交易によってエーゲ文明が栄えた。

なかでも「肥沃《ひよく》な三日月地帯」とよばれるメソポタミアでは、多くの民族が興亡を繰り返し、紀元前525年にアケメネス朝がオリエント世界を統一することで安定を得た。

三内丸山遺跡にある大型掘立柱建物(左)と、大型竪穴式住居(右)。

秋田県の大湯環状列石。祭祀の場であったといわれる。

用語解説 土偶

土偶は、人間や精霊の姿を表現して製作されたとされる土製品である。亀ヶ岡遺跡(青森)から出土した遮光器土偶《しゃこうきどぐう》などのように、体の一部が欠損した状態で発見されることが多いため、体の悪い部分を破壊して埋納し、回復を願うような使い方がされていたのではないかと指摘される。ただし、山形県で出土した〝縄文のヴィーナス〟のように、完全な状態で発見される例もあり、はっきりしていない。

日本のできごと

紀元前5000年頃

POINT 1

- ▼**青森市の三内丸山に縄文人の大規模集落が形成される。**
- ▼関東・中国地方で環濠《かんごう》集落(周囲に堀を巡らせた集落)が発達する。
- ▼栗の栽培が広がる。

紀元前2000年頃

- ▼土偶《どぐう》・石刀《せきとう》などの祭祀具《さいしぐ》が盛んに作られる。
- ▼環状列石をもつ墓地や祭祀場が発達する。
- ▼塩の生産が始まる。

紀元前1050年頃

- ▼東北地方で亀ヶ岡《かめがおか》式の土器文化が栄える。近畿地方まで影響を及ぼす。

紀元前770年頃

- ▼朝鮮半島から畑稲作や支石墓が伝来する。

縄文時代

世界のできごと

紀元前5000年頃

- ▼長江《ちょうこう》流域に稲作農耕文化が生まれる。

紀元前3500年頃

- ▼黄河《こうが》の中・下流域に文明が興《おこ》る。

POINT 2

- ▼**メソポタミア文明が興る。**

紀元前2600年頃

- ▼エジプト文明が興る。

紀元前2300年頃

- ▼インダス文明が興る。

紀元前1792年頃

- ▼バビロン第一王朝で、ハンムラビ法典が発布される。

紀元前1600年頃

- ▼黄河下流域で殷《いん》王朝が成立。

紀元前1286年頃

- ▼カデシュの戦いが起こる。

紀元前1000年頃

- ▼ギリシアで都市国家《ポリス》が形成。

紀元前525年

POINT 3

- ▼**アケメネス朝がオリエント世界を統一。**

紀元前492年

- ▼ペルシア戦争が始まる。

歴史の現場 テミストクレス率いるアテネ海軍がアケメネス朝海軍を誘い込んで撃滅した、「サラミス湾の海戦」の記念碑。

豆知識 世界最古の平和条約

紀元前1286年頃、強大化しつつあったヒッタイトと、エジプト新王国第19王朝のラメセス2世がカデシュ(現在のシリア西部)にて激突する。戦いは一時ヒッタイト優位に進んだが、後半エジプト軍が挽回した。このため戦いは引き分けに終わったと思われる。この戦いの後に結ばれた条約が、世界最古の国際平和条約といわれている。

歴史の現場 メソポタミアの神殿とされるジッグラト。

3ポイントでわかる！ 紀元前５世紀までの世界（紀元前5000～紀元前400年）

エーゲ文明
紀元前3000年頃に発祥した青銅器文明。紀元前2000～紀元前1400年頃のクレタ島では、海上交易によってクレタ文明が栄えたが、やがてミケーネ文明に取って代わられた。
ペルシア戦争
イオニア諸都市のアケメネス朝への反乱を、ギリシアのアテネが援助したことを機に、アケメネス朝がギリシアへ侵攻。ペルシア戦争が勃発する
メソポタミア文明
ティグリス・ユーフラテス川に挟まれた一帯に紀元前3500年頃から都市国家を形成。楔形文字や太陰暦、六十進法などを生み出した。
黄河文明
紀元前5000年頃、黄河中下流域に発祥した農耕文明。新石器時代の仰韶（インシャオ）文化、竜山（ロンシャン）文化を経て殷の青銅器文化へと発展。漢字の基礎となる象形文字を用いた。
大西洋
黒海
ヒッタイト
BC1680–BC1190
カスピ海
アッシリア
BC1270–BC612
紀元前1500年頃、アーリア人が侵入し、先住民を征服
三内丸山
黄河
カルタゴ
地中海
アケメネス朝
BC550～
エジプト
エジプト文明
ナイル川の河畔に紀元前27世紀頃に発祥。ヒエログリフ（神聖文字）やピラミッド、パピルスなどを生み出した。
ナイル川
アラビア半島
アラビア海
太平洋
オリエント地域
インダス文明
紀元前2300年頃のインダス川流域に、メソポタミア文明の影響を受けて生まれた都市文明。インダス文字（未解読）を使用し、モヘンジョ＝ダーロやハラッパーの遺跡を残す。

POINT 3　紀元前525年
アケメネス朝がオリエントを統一する

オリエント地域では文明発祥以来、無数の民族と国家が興亡を繰り返してきたが、紀元前550年に興ったアケメネス朝が、諸国を征服して紀元前525年に統一に成功した。統一を成し遂げたアケメネス朝のダレイオス１世は、領内に「王の道」とよばれる道路網を整備してペルシア語とアラム語を共通語とし、良質の銀貨と金貨を鋳造。

国内に暮らす多くの異民族に対しては、それぞれの伝統と文化を尊重して自治を認め寛容な統治を行った。

POINT 1　紀元前5000年頃
縄文時代の大型集落

従来の縄文時代観というと、狩猟・採集の生活を送り、獲物を追って移動する旧石器時代の生活様式とあまり変わりのないものであった。

だが、青森県の三内丸山遺跡は、竪《たて》穴《あな》住居、高床式倉庫のほか、10棟の大型竪穴住居、大型掘立柱建物などの建築物を持ち、最盛期にはおよそ40haの敷地内に5000人もの人々が生活していたとみられている。

POINT 2　紀元前3500年頃
都市文明の始まり

ティグリス・ユーフラテスの２つの大河に囲まれたメソポタミア地方において、シュメール人がウル、ウルク、ラガシュなどの20を超える都市国家を建設し、青銅器や楔《くさび》形文字を発明した。

どんな時代だった？

日本に稲作が伝来した頃、アレクサンドロス大王が東方遠征に出発！

紀元前4世紀頃、日本に水稲《すいとう》耕作が伝来し、弥生《やよい》文化が興ると、人々の間に身分の差が生まれる。やがて人々は指導者を中心にクニを形成し、紀元前1世紀頃にかけて、クニ同士の争いを展開した。

世界では東西で大帝国の形成が進む。アジアでは、紀元前221年に秦《しん》の始皇帝《しこうてい》が初めて中国を統一。秦は短命に終わったが、約20年後、劉邦《りゅうほう》によって前漢《ぜんかん》が建国された。ヨーロッパでは紀元前334年に東方遠征に出たマケドニアのアレクサンドロス大王がオリエント世界を征服し、イタリアではローマが半島統一を達成した。

豆知識　縄文時代にもあった稲

稲作は弥生時代に大陸から伝わったとされてきたが、1990年代に、縄文時代後期の遺跡から出土した縄文土器の器面に稲籾の圧痕が発見され、縄文時代後期にはすでに日本に稲が存在していたことが確実となった。

歴史の現場

北九州のクニのひとつであったとみられる吉野ヶ里遺跡。

豆知識　クニと国

農耕を行う小集落を「クニ」とよぶ。一方、こうした「クニ」が戦いや合議などによって統合され、形成された小国家を漢字で「国」と表現する。「クニ」の指導者は「オウ」と呼ばれ、やがて「王」の起源となる。

日本のできごと

紀元前4世紀

POINT 1
- **九州北部に水田稲作が伝来し、弥生文化が興る。**
- 九州北部と北海道に鉄器が伝来する。
- 九州北部に青銅器が伝来する。
- 吉野ヶ里《よしのがり》に大規模な環濠《かんごう》集落が形成される。
- 西日本で武器形青銅器、近畿で銅鐸《どうたく》の製造が始まる。

紀元前200年頃

- 九州北部で、「クニ」から「国」への統合がはじまる。
- 畿内に方形周溝墓《しゅうこうぼ》が定着する。

紀元前1世紀頃

- 倭国《わこく》が百余国に分かれる（『漢書』地理志）。
- 九州の戦争が激化し、広域化する。

紀元前50年頃

- 畿内に王や首長の住居が出現する。
- この頃、倭国のクニの一部が楽浪郡《らくろうぐん》（朝鮮半島北部）と交渉する。

弥生時代

世界のできごと

紀元前403年

- 中国が戦国時代に突入する。

紀元前334年

POINT 2
- **アレクサンドロス大王が東方遠征に出発する。**

紀元前330年

- アケメネス朝ペルシアが滅びる。

紀元前221年

POINT 3
- **秦の始皇帝が中国を統一する。**

紀元前202年

- 劉邦により前漢が建国される。

紀元前146年

- ローマ、ポエニ戦争に勝利してカルタゴを滅ぼす。

紀元前97年頃

- 中国の歴史書『史記《しき》』が成立する。

紀元前60年

- 共和政ローマでカエサル、ポンペイウス、クラッススによる三頭政治が開始される。

紀元前44年

- カエサルが共和派に暗殺される。

紀元前27年

- アウグストゥス、ローマの初代皇帝となる。

歴史の現場

アケメネス朝の聖都であったペルセポリス。アレクサンドロス大王によって灰燼に帰した。

豆知識　カルタゴの滅亡

3次にわたって戦われたポエニ戦争は、地中海の覇権をめぐるローマとカルタゴの争いである。

紀元前146年、カルタゴの滅亡によって終結すると、カルタゴの経済力を恐れるローマの将軍スキピオは、カルタゴの町を破壊し、跡地に塩を撒いて不毛の土地へと変えてしまったという。

ローマに滅ぼされたカルタゴの遺跡。

3 ポイントでわかる！

紀元前４～１世紀の世界

大西洋
スキタイ
黒海
カスピ海
ローマ
ペラ
カルタゴ
地中海
アレクサンドリア
バビロン
マケドニア
ヒマラヤ山脈
パータリプトラ
マウリア朝
アラビア半島
アラビア海
インド洋
匈奴
咸陽
秦
吉野ヶ里
太平洋
大王の死後、セレウコス朝シリア、プトレマイオス朝エジプト、アンティゴノス朝マケドニアに分裂する
匈奴の侵入に備えて万里の長城が築かれる
アレクサンドロス大王のインド侵入を受けて統一国家建設の機運が高まり、成立
ポエニ戦争
地中海の覇権をめぐり、カルタゴと新興国家ローマが衝突。紀元前264～紀元前146年にかけて3次にわたって戦い、ローマが勝利した
イッソスの戦い
紀元前333年、アレクサンドロス大王がアケメネス朝のダレイオス3世を破る
アレクサンドロス大王の進路
■戦国時代の中国
燕
趙
斉
魏
秦
咸陽
周
韓
楚

POINT 2 紀元前334年 アレクサンドロス大王の東方遠征

世界帝国の建設を大義名分に、マケドニアの王アレクサンドロス大王が東征を開始。紀元前333年のイッソスの戦い、前331年のガウガメラの戦いに勝利してアケメネス朝を壊滅状態へと追い込んだ。

その他に大王はエジプトを征服する一方で、インダス川を越えてインドへ侵入するなど、オリエント世界に広大な帝国を築き上げた。大王は世界市民主義を唱えてペルシア人と白人の結婚を奨励するなど宥和政策を進めたため、東西文化の融合が進んだ。

POINT 3 紀元前221年 始皇帝の中国統一

紀元前246年に即位した秦王政《せい》は、次々に６国を滅ぼして紀元前221年に中国全土を統一した。

その後、「皇帝」の称号を創出して権威づけを図ると、度量衡や貨幣、文字などの統一政策を展開。全国を郡と県に分割し、中央から官僚を派遣して統治する「郡県制」による支配体制を確立した。

こうした制度は次代の漢の支配にも受け継がれ、400年にわたる支配の基礎となった。

POINT 1 紀元前４世紀 稲作が伝来

紀元前４世紀の九州北部に稲作が伝来する。集団による大規模な稲作が行われるようになると、増加する人口を維持するために農地の拡大を余儀なくされた人々は、やがてほかの集団と衝突し、殺し合い、すなわち「戦争」が起こるようになった。

三頭政治

共和政ローマにおいて2期にわたって見られた指導体制。第1回はカエサル、ポンペイウス、クラッススが盟約を結んで政治の実権を握り、第2回ではオクタウィアヌス（アウグストゥス）、アントニウス、レピドゥスが実権を握った。ともに、クラッスス、レピドゥスと一角が崩れると、残る二人の対立が起こり、崩壊している。

1世紀 1～100年

どんな時代だった？

奴国の王が「漢委奴国王」の金印をもらった頃、ローマが五賢帝時代を迎えた！

1世紀、北九州の奴国《なこく》の王が中国の後漢《ごかん》王朝へ使者を派遣し、光武帝《こうぶてい》から「漢委奴国王《かんのわのなのこくおう》」の金印を下賜《かし》された。国内では依然としてクニ同士の争いが続いており、瀬戸内海沿岸を中心に高地性集落がつくられている。中国では前漢が衰退し、一時王莽《おうもう》の新《しん》に簒奪《さんだつ》されて滅亡するものの、赤眉《せきび》の乱を経て光武帝（劉秀《りゅうしゅう》）により再興され、紀元25年に後漢が建てられた。

一方、ローマ帝国はトイトブルクの森の戦いでゲルマン民族に大敗を喫したものの、96年から有能な皇帝が続く「五賢帝《ごけんてい》時代」を迎え、繁栄を謳歌《おうか》する。

歴史の舞台ウラ 金印真贋論争

奴国の王が下賜された金印は、江戸時代の1784年、博多湾に浮かぶ志賀島で発見され、現在国宝に指定されて福岡市博物館に展示されている。

この金印は、当時から文字の彫り方や蛇をかたどったつまみの印が漢の制度にないことなどから、贋作説がたびたび指摘されてきた。戦後、印の一片の平均の長さが後漢初期の一寸(2.35cm)にあたることが実測され、また雲南省で蛇形のつまみをもつ金印が出土したことで贋作説は一応の収束を見た。

歴史の現場

358本もの埋納銅剣が出土した島根県の荒神谷（こうじんだに）遺跡。

日本のできごと

1世紀前期
▼畿内と出雲《いずも》で大量の青銅器が埋納される。

出雲の加茂岩倉遺跡から出土した銅鐸。

POINT 2
57年
▼奴国の王が後漢に入貢。光武帝から「漢委奴国王」の金印を授かる。

福岡県の志賀島の金印出土地。

1世紀後期
▼瀬戸内海沿岸から近畿にかけて、丘陵上に「高地性集落」が出現する。

弥生時代

世界のできごと

8年
▼王莽が前漢を滅ぼし、新を建国。

9年
▼トイトブルクの森の戦いで初代ローマ皇帝オクタウィアヌスがゲルマン人に惨敗。

18年
▼新で赤眉の乱が起こる。

25年
▼光武帝（劉秀）が後漢を建国。

POINT 1
30年頃
▼**イエスが磔刑に処せられる。**

45年頃
▼イラン系民族がクシャーナ朝を立てる。

54年
▼ネロ、ローマ帝国5代皇帝となる。

64年
▼ローマ大火が起こる。

66年
▼ローマの支配に反発するユダヤ人が決起（第一次ユダヤ戦争）。

79年
▼ヴェスビオ火山が噴火する。

POINT 3
96年
▼**ローマで五賢帝時代が始まる。**

歴史の現場

79年の大噴火で火砕流にのみ込まれたポンペイの遺跡。

豆知識 放火犯の正体

ローマ大火は、宮殿を建築するために更地がほしかった皇帝ネロの手によるものという噂が立った。これを受けてネロはキリスト教徒を犯人とし、迫害を行った。

この人物が凄い！ イエス（B.C.1世紀末～A.D.30年頃）

キリスト教の開祖。ガリラヤのナザレに生まれ、戒律至上主義に陥るユダヤ教指導者層を批判して、神の国へ入る方法を説いた。活動は主にガリラヤ周辺で行われていたが、30年頃にエルサレムへ至り教えを説いた際、ローマへの反逆罪により同地で処刑されたと伝わる。イエスの伝記である新約聖書の福音書には、彼が起こした様々な奇蹟や教えが記されている。

3ポイントでわかる！ 1世紀の世界（1～100年）

POINT 3 96～180年 ローマ五賢帝時代

ローマ帝国では、96年から180年までの間、優れた５人の皇帝（五賢帝）が続き、最盛期を迎える。この時代は、大きな戦争もなく領土も最大となり、「人類の最も幸福な時代」と評された。

POINT 1 30年頃 イエスの磔刑

神の絶対愛と隣人愛を説き、ユダヤ教指導者層と対立したイエスは、ローマ総督ポンティウス＝ピラトゥスにより十字架の刑に処せられたという。

その教えはペテロ、パウロといった信徒によってローマ帝国全土へと広まっていった。

POINT 2 57年 「漢委奴国王」金印の下賜

『後漢書』東夷《とうい》伝には、57年に倭の奴国の使者が貢物を持参して来朝したことが記載されている。時の後漢・光武帝は、朝貢の返礼として金印を下賜したという。

この金印は1784年、現在の福岡県の志賀島で発見されたものといわれ、国宝に指定されている。

2～3世紀 101～300年

どんな時代だった?

邪馬台国の卑弥呼が魏に遣使した頃、ササン朝ペルシアが建国された！

3世紀に入ると、日本の大和盆地に大規模な計画都市（現在の纒向《まきむく》遺跡）が形成される。時を同じくして邪馬台《やまたい》国《こく》の女王卑弥呼《ひみこ》が、後漢滅亡後の中国の王朝・魏《ぎ》に使節を送り、「親魏倭王《しんぎわおう》」に封じられたと『三国志』に記録される。

一方ユーラシア大陸では、2世紀半ばに遊牧民の鮮《せん》卑《び》が中国北方に大帝国を形成した。その圧力を受けた中国でも寒冷化に伴って生産力が低下し、黄巾《こうきん》の乱を機に魏《ぎ》・呉《ご》・蜀《しょく》三国による争乱が始まる。

西アジアではペルシアにササン朝が台頭し、ローマ帝国の領土を侵食していった。

歴史の現場

卑弥呼の墓ともいわれる奈良県桜井市の箸墓古墳。

豆知識 卑弥呼の鏡

卑弥呼が下賜された銅鏡は、これまで三角縁神獣鏡が有力視されてきたが、現在ではすでに100枚を超える数が発見されている。新たに注目されているのが画文帯神獣鏡《がもんたいしんじゅうきょう》。黒塚古墳（奈良県）では被葬者の頭部付近に1枚だけ置かれていたことから、その重要性がうかがえる。

豆知識 纒向遺跡と大和政権

纒向の成立を境に、大和盆地周辺にあった大規模集落が姿を消しており、大和の集落が連合することで大和政権が発祥したという説がある。

日本のできごと

107年
▼倭国王帥升《すいしょう》らが後漢に朝貢。生口《せいこう》（捕虜）160人を献じる。

210年頃
▼卑弥呼が倭国の女王となる。
▼大和盆地の纒向に最古の計画都市が形成され始める。

239年 POINT 2
▼**卑弥呼が魏に遣使し、「親魏倭王」の称号と銅鏡《どうきょう》を贈られる。**

247年
▼卑弥呼が魏に狗奴国《くぬこく》との交戦を告げる。
▼巨大前方後円墳の箸墓《はしはか》古墳が築かれる。

248年頃
▼卑弥呼が死去する。

266年
▼倭の女王（壱与《いよ》?・）が晋《しん》に遣使する。

弥生時代

世界のできごと

132年
▼第二次ユダヤ戦争に敗れたユダヤ人がエルサレムから追放される。

156年
▼鮮卑がモンゴル高原を統一。

208年
▼赤壁《せきへき》の戦いで曹操《そうそう》が敗れる。

212年
▼ローマのカラカラ帝、帝国内の全自由民にローマ市民権を付与。

220年
▼曹丕《そうひ》が後漢を滅ぼし、魏を建国。翌年以降、蜀・呉が建国され三国時代が始まる。

224年 POINT 1
▼**ササン朝ペルシアが成立する。**

265年
▼司馬炎《しばえん》が魏を滅ぼし、晋（西晋）を建国する。

280年
▼晋が呉を滅ぼし中国を統一。

284年
▼ローマでディオクレティアヌス帝が即位。専制君主制が始まる。

291年 POINT 3
▼**西晋で八王《はちおう》の乱が起こる。**

歴史の現場

第二次ユダヤ戦争において焼失したエルサレム神殿の西壁の跡とされる「嘆きの壁」。

BOOKガイド

『三国志』 横山光輝（潮出版社）

¥453（全60巻）
潮出版社

三国時代の歴史をもとに描かれた『三国志演義』を原作に描かれたマンガ『三国志』。劉備・関羽・張飛の出会いに始まり、赤壁の戦い、五丈原の戦いなど三国時代の英雄たちの活躍がドラマチックに描かれる。『三国志』を知るうえでのスタンダードともよべる力作である。

3ポイントでわかる！ 2～3世紀の世界（101～300年）

勢力の拡大
北海
大西洋
地中海
黒海
カスピ海
ローマ帝国
ローマ
エルサレム
エデッサの戦い
260年、ササン朝ペルシアが勝利し、ローマ皇帝ヴァレリアヌスを捕える
ササン朝ペルシア
クシャーナ朝
3世紀半ば、衰退へと追い込む
アラビア半島
アラビア海
サータヴァーハナ朝
チョーラ朝
パーンディヤ朝
インド洋
265年、晋に取って代わられる。280年には晋が中国を統一
魏が遼東の公孫淵を滅ぼす
鮮卑
羌
氐
魏
洛陽
成都
蜀
呉
建業
三国時代
馬韓
辰韓
弁韓
邪馬台国
親魏倭王の位と印綬、銅鏡100枚を下賜する
林邑
扶南
太平洋

POINT 1　224年　ササン朝ペルシアが興る

セレウコス朝シリアに代わったパルティアは、224年、ササン朝のアルデシール1世により滅ぼされる。東はインドのクシャーナ朝を滅ぼし、西はペルシャ湾まで進出したササン朝は、やがてローマと矛《ほこ》を交えた。

ササン朝では、世界を善神と悪神の戦いの場と説くゾロアスター教が信仰されてきたが、そのなかからマニ教が生まれて広まり、キリスト教の救済観にも影響を与えた。

POINT 2　239年　卑弥呼が魏に遣使する

『三国志』東夷伝倭人条によると、この年、邪馬台国の女王・卑弥呼が魏に遣いを送り、魏は「親魏倭王」の金印、銅鏡100枚を与えたという。遣使の前年には遼東《りょうとう》の公孫淵《こうそんえん》が魏の司馬懿《しばい》によって滅ぼされており、倭は海を介して魏と接することになったばかりであった。

POINT 3　291年　八王の乱

三国の争乱を経て成立した晋であったが、初代・武帝（司馬炎）の死後、2代恵帝の無能に乗じて外戚の賈氏《かし》が権力掌握を謀《はか》ったのを機に司馬氏の8王が次々に挙兵して権力闘争を開始。王たちが周辺の異民族の兵力を利用したため、混乱に乗じて匈奴や鮮卑など五胡が華北に侵入して建国していった。漢民族による華北の支配は崩壊し、司馬一族は江南へ移って東晋を建てる。

4世紀 301〜400年

どんな時代だった？

巨大前方後円墳が次々に築かれた頃、ゲルマン民族が大移動を開始した！

日本に関する中国の史書の記録は、266年を境に途絶える。この時期には大和《やまと》政権による全国統一が進んだと見られ、畿内に巨大前方後円墳が次々に築造された。また4世紀末、日本は朝鮮半島北部の高句麗《こうくり》と交戦した。

中国は西晋の滅亡後、北部に遊牧民の国が、南部に漢民族による国家が興亡する南北朝時代の混乱が続いた。

異民族の侵入を受けるローマ帝国は、東方を固めるため、330年、コンスタンティノープルへと遷都。375年に始まるゲルマン民族の大移動に伴い、西方の統治がほぼ崩壊した。

歴史の舞台ウラ　広開土王碑

この戦いで日本人は初めて騎兵に遭遇したといわれる。倭国を打ち破ったのが高句麗の広開土王《こうかいどおう》とされ、その記録が刻まれた石碑が当時の日本を知るほとんど唯一ともいえる文献となっている。

歴史の現場

七支刀が奉納され現在に伝えられた石上神宮（奈良県天理市）。

豆知識　前方後円墳の形の意味

前方後円墳の鍵穴のような形の由来は、ハッキリしていない。何かの形に由来するという見方には、宮車、壺、男女交合説などの説があり、また、前方部と後方部で機能を分けているという説もある。被葬者は後円部の石室に埋葬され、古墳は埴輪によって飾られていた。

日本のできごと

300年頃
▼大和政権による全国統一が進む。

310年頃
▼奈良盆地の東南部に大王墓が次々に築造される。

320年頃
▼大物主神《おおものぬしのかみ》を祀る大和政権による三輪山《みわやま》の祭祀が確立する。

365年頃
▼倭国が朝鮮半島への介入を始める。

372年
▼百済《くだら》の肖古王《しょうこおう》から、七支刀《しちしとう》が倭国に献上される。

390年頃
▼葛城《かつらぎ》氏が大和政権の外戚《がいせき》（天皇の母または妃の一族）として台頭する。

POINT 2
391年
▼**倭国軍が百済・新羅《しらぎ》を破り、高句麗と戦う。**

古墳時代

世界のできごと

313年
▼**ミラノ勅令**により、ローマ帝国でキリスト教が公認される。

316年
▼永嘉《えいか》の乱により西晋が滅亡し、五胡十六国《ごこじゅうろっこく》時代に突入する。

317年
▼元帝（司馬睿《しばえい》）が東晋《とうしん》を建国する。

320年頃
▼インドでグプタ朝が創始。

325年
▼ニケーア公会議でアタナシウス派がキリスト教の正統とされる。

330年
▼コンスタンティヌス帝、ビザンティオン（コンスタンティノープル）に遷都する。

POINT 1
375年
▼**西ゴート族がフン族に圧迫され、南下を始める（ゲルマン民族の大移動）。**

POINT 3
392年
▼**キリスト教がローマの国教となる。**

395年
▼ローマ帝国が東西に分裂する。

豆知識　フン族の正体

古くからフン族は中国の北部にいた騎馬民族「匈奴」が西へ移動してきたものといわれるが、近年、DNA鑑定により様々な民族が入り混じっていることがわかり、フン族が西へ走るなかで多くの民族が糾合したという説が有力視される。

歴史の現場

ローマ帝国の中心地であったローマのフォロ・ロマーノ。

用語解説　ミラノ勅令

ミラノ勅令は、コンスタンティヌス帝が発したキリスト教公認令である。公認の理由については、激戦となったミルウィウス橋の戦いで十字架がコンスタンティヌス帝を導いた、帝の母后がエルサレムでイエスの十字架を発見したなどの伝説が挙げられるが、実際には、増大する信徒を懐柔する目的で発せられたもので、皇帝自身は死の直前まで洗礼を受けなかった。

3 ポイントでわかる！

4世紀の世界（301～400年）

POINT 1　375年
ゲルマン民族の大移動

黒海北岸を居住地としていたゲルマン人の一派である東ゴート族がフン族によって征服されると、これを恐れて西ゴート族が南下を開始。ドナウ川を渡ってローマ領内に移動したことが引き金となり、玉つき的にゲルマン民族がローマ領内を移動し続けた。

POINT 3　392年
キリスト教がローマ帝国の国教となる

国教化の始まりは380年。テオドシウス帝がキリスト教アタナシウス派の信仰を強制する勅令を発したことに始まる。

392年に発せられたのは、キリスト教以外の異教信仰を厳禁した勅令であり、これが事実上の国教化となった。

結果、キリスト教が正統とするアタナシウス派が強制され、それまでに認められていたオリュンポスの神々の信仰も弾圧されて国家反逆罪に問われ、オリンピアの競技会も禁止された。また、公会議で異端とされたアリウス派などの信仰も禁止されることとなる。

POINT 2　391年
倭国軍、高句麗と戦う

4世紀後半になると朝鮮半島北部の高句麗が南下を進め、倭と密接な関係にあった伽耶《かや》を圧迫。倭は百済や伽耶と協力して高句麗と戦うことになった。中国吉林省にある高句麗の広開土王碑には、倭が高句麗と戦ったことが記されている。この戦いで、倭は騎馬軍団との戦闘を初めて経験し、乗馬の風習を取り入れる一方、甲冑《かっちゅう》にも大きな影響を受けた。

5世紀 401〜500年

どんな時代だった？

倭の五王が中国南朝に遣使した頃、西ローマ帝国が滅亡した！

中国史書の日本の記録は、413年の記事をもって復活する。この頃までに倭は大和政権によって統一され、5世紀を通じて倭の5人の王が中国南朝に使者を派遣し、朝鮮半島の軍事支配権を求め続けた。

中国は南朝が東晋から宋《そう》、斉《せい》と移り変わる一方で、華北《かほく》に鮮卑族拓跋《たくばつ》氏の北魏《ほくぎ》が成立。439年、華北を統一した。

ヨーロッパでは、ローマ帝国の東西分裂後、ゲルマン民族が西ローマ帝国領内の各地に建国。やがてフランク王国が台頭する。そうしたなかで476年、ゲルマン人の傭兵《ようへい》隊長オドアケルにより、西ローマ帝国が滅亡した。

日本のできごと

413年
▼倭王、東晋に遣使する。

421年
▼倭王讃《さん》、宋《そう》に遣使する。
▼この頃、大仙陵《だいせんりょう》古墳が完成する。

438年
▼倭王珍《ちん》、宋に遣使し、「安東《あんとう》将軍」の称号を受ける。

443年
▼倭王済《せい》、宋に遣使し、「安東将軍」の称号を受ける。

462年
▼済の世子興《せいしこう》、宋に遣使し、「安東将軍」の称号を受ける。

471年
▼稲荷山《いなりやま》鉄剣が作られる。

POINT 2

478年
▼**倭王武《ぶ》（雄略《ゆうりゃく》天皇か？）、宋に遣使し上表文を提出。「安東大将軍」の称号を受ける。**

479年
▼倭王武、斉《せい》に遣使し、「鎮東《ちんとう》将軍」の称号を受ける。

古墳時代

世界のできごと

420年
▼東晋が滅亡し、劉裕《りゅうゆう》が宋を建国する（**南北朝時代**の始まり）。

433年
▼アッティラがフン族の王となる。

439年
▼北魏が華北を統一する。

449年
▼ブリテン島が七王国時代に入る。

451年
▼カタラウヌムの戦いで、西ローマとフランク族、西ゴート族の連合軍がフン族を破る。

460年頃
▼エフタルがグプタ朝を攻撃。

POINT 1

476年
▼**ゲルマン人の傭兵隊長オドアケルが西ローマ帝国を滅ぼす。**

481年
▼クローヴィスがフランク王国を建国。フランク王国はのちにフランス、ドイツ、イタリアの元となる（→36ページ）。

POINT 3

496年
▼**クローヴィス、カトリックへ改宗。**

豆知識 大和政権の勢力範囲

5世紀当時、大和政権の勢力がどこまで及んでいたのかを知る手掛かりとなるのが古墳と、古墳から出土した副葬品である。とくに熊本県の江田船山古墳と、埼玉県行田市のさきたま古墳群の稲荷山古墳から出土した鉄剣には、雄略天皇とみられる大王の名が記されており、当時の大和政権が、九州から関東までを支配下に収めていたことがほぼ判明している。

歴史の現場

日本最大の前方後円墳である大阪府堺市の大仙陵古墳。

歴史の現場

トレド旧市街。西ゴート王国がアタナシウス派に改宗すると、都のトレドには司教座が置かれた。

用語解説 南北朝時代

五胡十六国時代の江南では、420年の東晋滅亡後、宋・斉・梁《りょう》・陳《ちん》が勃興した。いずれも君主権が弱く、北進・統一はあきらめて貴族と知識階級による六朝文化が花開いた。最盛期は梁の武帝（在位：502 ～ 549）の時代であった。

一方華北では、439年、鮮卑系の拓跋氏が建てた北魏が諸国を統一する。北魏はやがて534年に東西に分裂。その後、東魏が北斉に、西魏が北周に取って代わられた。

江南と華北に統一王朝が併存した時代を南北朝時代とよぶ。

3ポイントでわかる！ 5世紀の世界（401～500年）

POINT 3　496年　クローヴィスの改宗

フランク族の支族・サリ族の王となったクローヴィスは、ほかの支族を次々に支配下に入れてフランク族を統一し、メロヴィング朝を開いた。507年までにガリアとアキテーヌ地方を掌握する一方で、慣習法からなるサリカ法典の編纂を行い、王位の継承順位などを定めた。

496年にはカトリックへの改宗を行い、ランスの司教から洗礼を受けた。この改宗はゲルマン民族諸王初のカトリックへの改宗であり、同時にカトリックを思想の根本に置くヨーロッパ世界の形成を意味する。

POINT 1　476年　西ローマ帝国、滅ぶ！

ゲルマン民族の大移動後、領内に部族国家が乱立し弱体化していた西ローマ帝国が、476年、傭兵隊長オドアケルによって最後の皇帝ロムルス・アウグストゥルスが廃され、その歴史に幕を下ろした。

※以降、東ローマ帝国はビザンツ帝国と表記

POINT 2　478年　倭王武の遣使

倭王武（雄略天皇か？）は、宋に遣使して上表文を提出。朝鮮半島における軍事支配の正当性を獲得しようとしたが、「使持節《しじせつ》・都督倭《ととくわ》・六国諸軍事・安東大将軍・倭王」の称号を受けるにとどまり、百済への支配権と高句麗と同等の地位を得ることはできなかった。

以後、雄略天皇は中国王朝の権威を捨て、国内で「治天下大王《ちてんかだいおう》」の号を用いるようになる。

どんな時代だった?

日本に仏教が伝来した頃、ビザンツ帝国で『ローマ法大全』が編纂された

507年に即位した継体《けいたい》天皇は磐井《いわい》の乱を鎮圧し、大和政権が北九州をほぼ支配下に置いた。538年には朝鮮半島の同盟国である百済を介して日本に仏教が伝来。王権を支える豪族の間で崇仏《すうぶつ》論争が巻き起こった。

中国では、華北の北魏が東西に分裂し、西魏《せいぎ》を継いだ北周《ほくしゅう》において外戚の楊堅《ようけん》が実権を握り、隋《ずい》を建国。589年に南朝の陳を滅ぼして南北を統一した。

一方、東ローマ（ビザンツ）帝国ではユスティニアヌス帝が登場。各地に遠征して地中海ローマ帝国の版図を回復する一方、『ローマ法大全』を編纂した。

日本のできごと

507年
▼継体天皇が即位する。

527年
▼北九州で筑紫君磐井《つくしのきみいわい》が大和政権に反乱を起こす。

538年（POINT 2）
▼**百済の聖明王《せいめいおう》が仏像・経典を伝える（仏教公伝）。**

552年
▼仏教受容をめぐり崇仏論争が起こる。

572年
▼敏達《びだつ》天皇、物部守屋《もののべのもりや》を大連《おおむらじ》に、蘇我馬子《そがのうまこ》を大臣《おおおみ》とする。

587年
▼蘇我馬子が物部氏を滅ぼし、崇峻《すしゅん》天皇を擁立する。

588年
▼蘇我氏が飛鳥寺を建立する。

592年
▼蘇我馬子、崇峻天皇を暗殺。

593年
▼厩戸皇子《うまやどのおうじ》（聖徳太子）、推古《すいこ》天皇の摂政《せっしょう》となる。

600年
▼第1回遣隋使が派遣される。

飛鳥時代

世界のできごと

502年
▼斉が滅亡し、梁《りょう》が建国される。

527年
▼ユスティニアヌス帝がローマ皇帝となり、ビザンツ帝国が全盛期を迎える。

528年（POINT 1）
▼**ビザンツ帝国で『ローマ法大全』の編纂が始まる。**

534年
▼北魏が東魏《とうぎ》と西魏に分裂する。

555年
▼東ゴート王国がビザンツ帝国に滅ぼされる。

559年
▼ササン朝ペルシアのホスロー1世がエフタルを滅ぼす。

568年
▼北イタリアにランゴバルト王国が建国される。

581年
▼楊堅（文帝）が隋を建国する。

589年（POINT 3）
▼**隋が中国を統一。均田制《きんでんせい》や科挙《かきょ》などが施行される。**

歴史の舞台ウラ　仏教伝来の経緯

仏教は単なる宗教というだけではなく、建築や美術、思想・学問を含んだ文化体系でもあった。当時は、新羅の攻勢を受けて百済が再三日本に援軍を要請していた時期であり、百済からの仏教伝来は大和政権の軍事援助に対する見返りでもあった。

歴史の現場

奈良県明日香村の飛鳥寺。かつては塔を中心に、その東西と後方に金堂を配する形式であった。

歴史の舞台ウラ　第1回遣隋使

この遣隋使は日本の正史である『日本書紀』には記されていない。『隋書』倭国伝にあるもので、日本の国制を説明した使者に対して隋の文帝が道理にかなっていないから改めるよう諭したとあり、期待した成果を上げられなかったものと考えられる。

歴史の現場

ユスティニアヌス帝によって建設されたコンスタンティノープルのハギア・ソフィア。

豆知識　隋の国名

隋を建国した楊堅は北周の臣下だった時代、随国公の地位にあった。そのため、建国当初、国名は随であったが、「辶」には「先走る」という意味があり、国が落ち着かないことを案じ、国号を「隋」とした。

豆知識　科挙の始まり

隋では門閥貴族を抑えるために、598年から官吏登用において学科試験を開始した。これがのちに科挙とよばれて宋代に制度が完成。清末の1905年まで継承されることとなる。

3ポイントでわかる！

６世紀の世界（501～600年）

POINT 3 589年 隋が中国を統一

６世紀末、北周の外戚である楊堅が実権を握り、581年に北周を倒して帝位（文帝）につくと、国号を隋と称した。文帝は、589年に南朝の陳を征服して西晋の滅亡以来の分裂の時代に終止符を打った。

POINT 1 528年 『ローマ法大全』の編纂

ローマ法とはローマ人が古くから作成してきた法の総称。528年、ユスティニアヌス帝は、このローマ法を集大成するよう命じ、534年に完成に至った。ローマの法律は、ゲルマン人の法とともに近代ヨーロッパ法の基礎となった。

POINT 2 538年 日本に仏教が伝来

『日本書紀』によると、百済の聖明王から金銅の仏像１体と幡蓋《はたきぬがさ》・経典が献上されたのが552年とあり、これをもって、仏教公伝とされる。しかし、公伝の時期についてはほかに聖徳太子の伝記『上宮聖徳法王帝説《じょうぐうしょうとくほうおうていせつ》』などに記される538年説があり、現在はこちらが有力視されている。

7世紀 前期 601〜650年

どんな時代だった?

聖徳太子が隋に小野妹子を派遣した頃、ムハンマドがイスラーム教を創始!

7世紀初頭、推古天皇の摂政となった厩戸皇子（聖徳太子）は、冠位十二階と憲法十七条を制定し、遣隋使を派遣して隋との間に国交を結んだ。

その隋は2代皇帝の煬帝《ようだい》の暴政により反乱が続発して滅亡し、唐《とう》に代わられる。東アジアの変動は日本へも波及し、厩戸皇子の没後、専横を極めていた蘇我氏が645年の乙巳《いっし》の変で倒れた。一方610年頃、アラブでムハンマドによりイスラーム教が創始されると、その後継者たちによって、西アジアの勢力図が塗り替えられていった。

歴史の現場

蘇我入鹿暗殺の現場となった伝飛鳥板蓋宮跡。

歴史の舞台ウラ　国書紛失事件

608年、倭へ戻る途中、小野妹子は国書を新羅人に奪われるという失態を犯す。しかし、帰国時に咎められた形跡がないため、国書には倭にとって望ましくない内容が書かれていたのではないかといわれている。

豆知識　聖徳太子の姿

聖徳太子の姿は長らくお札の顔として親しまれてきた肖像画が知られている。だが、肖像画はもともと飛鳥の川原寺《かわはらでら》にあった別人の肖像が法隆寺に移され、そこで太子像とされた可能性が高い。手に持つ笏もまだ飛鳥時代には存在せず、服装も7世紀後半の天武朝以降のものであることがわかってきた。

日本のできごと

603年
▼厩戸皇子（聖徳太子）により、冠位十二階が定められる。

604年
▼厩戸皇子により、十七条憲法が制定される。

607年　POINT 1
▼**小野妹子《おののいもこ》らが隋に派遣される。**

608年
▼隋使、裴世清《はいせいせい》が倭に入る。
▼小野妹子が再度入隋する。

626年
▼蘇我馬子が死去し、蘇我蝦夷《えみし》が大臣となる。

628年
▼推古天皇が崩御する。

630年
▼第1回遣唐使《けんとうし》が送られる。

643年
▼蘇我入鹿《いるか》が厩戸皇子の子、山《やま》背大兄王《しろのおおえのおう》を自害へ追い込む。

645年（大化元）
▼中大兄皇子《なかのおおえのおうじ》、中臣鎌足《なかとみのかまたり》らと蘇我入鹿を討つ（乙巳の変）。

646年（大化2）
▼改新の詔《みことのり》が出される。

飛鳥時代

世界のできごと

604年
▼隋で煬帝が即位する。

610年頃
▼**ムハンマド**によりイスラーム教が創始される。

617年
▼隋の軍司令官だった李淵《りえん》が挙兵。

618年　POINT 2
▼**隋が滅亡し、唐が建国される。**

622年　POINT 3
▼**ムハンマドが、メッカからメディナへ移住する（聖遷《ヒジュラ》）。**

626年
▼李世民《りせいみん》が兄と弟を討ち、唐の2代皇帝（太宗）となる。

628年
▼玄奘《げんじょう》がインドに出発する。

630年
▼イスラーム教団がメッカを征服。

642年
▼イスラーム軍がニハーヴァンドの戦いでササン朝を破る。

645年
▼玄奘が唐に帰国し、『**大唐西域記《だいとうさいいき》**』を著す（翌年完成）。

豆知識

『大唐西域記』はのちに三蔵法師が孫悟空らとともに天竺《てんじく》を目指して旅をする、中国・明代の伝奇小説『西遊記』の題材となった。

歴史の現場

イスラーム教最大の聖地とされるメッカのカァバ神殿。

この人物が凄い！　ムハンマド（570〜632年）

アッラーの教えを説いた預言者。メッカの支配部族であるクライシュ族の名門ハーシム家に生まれ、40歳頃のある日、メッカ郊外のヒラー山の洞窟で、大天使ガブリエルの啓示を受け、預言者と自覚。アッラーの教えを人々に説いたが、迫害を受けたため、622年に信徒とその家族とともにメディナに移住した（聖遷）。その後、3度の戦いを経てメッカを征服。632年、メッカへの巡礼後、メディナにて没した。

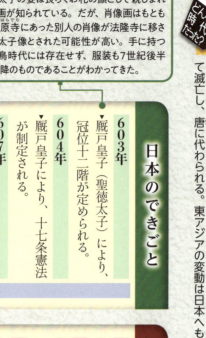

3ポイントでわかる！ 7世紀前期の世界(601～650年)

POINT 2 618年 唐王朝が成立

隋の武将であった李淵が隋末の混乱に乗じて617年、山西で挙兵。その年のうちに大興城《だいこうじょう》（長安）を占領すると、帝を立てて唐王となったが、煬帝の死が知らされると帝を廃して自ら皇帝となった。これが唐の成立である。

POINT 3 622年 イスラーム共同社会（ウンマ）の成立

610年頃、アッラーの啓示を受けて預言者としての自覚を抱いたムハンマドは、メッカでの布教を始める。だが、多神教信仰が盛んな同地では反感が多く、622年、信徒と一族とともにメディナへ移住してウンマ（イスラーム教徒の共同社会）を設けた。ウンマの成立はイスラーム帝国建設の出発点となる。

これをヒジュラ（聖遷）といい、この年がイスラーム暦の紀元となっている。

POINT 1 607年 遣隋使の派遣

607年、小野妹子が隋に派遣され国書を送った。朝貢外交の枠内にとどまるものであったが、倭国の大王が天子を自称し、中国の皇帝からの冊封《さくほう》を受けなかったのはこれまでと異なる。返礼として煬帝は裴世清を遣わしている。

7世紀 後期 651〜700年

どんな時代だった？

壬申の乱が勃発した頃、ヴェネツィアで初代総督が選出された！

倭国（日本）は663年、唐・新羅《しんら》連合軍と白村江《はくそんこう》にて矛を交えるも、大敗を喫する。これを受けて倭は、唐に倣《なら》った律令《りつりょう》体制の整備を進めていく。天智《てんじ》天皇没後の672年には、皇位をめぐる壬申《じんしん》の乱が起こったが、勝者となった天武《てんむ》天皇の時代にも律令制の整備は進められていった。

西アジアではイスラーム帝国が勢力拡大を続けていた。だが、カリフの位をめぐっての内紛が始まり、661年に第4代正統カリフのアリーが暗殺されると、シリア総督のムアーウィアがウマイヤ朝を立ててカリフを世襲化した。

この人物が凄い！ 藤原不比等《ふじわらのふひと》（659〜720年）

蘇我氏打倒の立役者となった中臣鎌足の次男とされる。持統天皇のもとで頭角を現し、文武朝で大宝律令の選定に参画。平城京遷都など、奈良時代に至る政治を主導した。娘の光明子を首皇子（のちの聖武天皇）の妃とすると、716年（霊亀2）には皇太子夫人として一家と皇室との結びつきを深め、藤原氏繁栄の基礎を築いた。

歴史の舞台ウラ 「大津皇子の変」の背景

683年以来、朝政に参画してきた大津皇子の謀反発覚の背景には、優れた大津皇子を退け、自身の子である草壁皇子の皇位継承を磐石にしようとする鸕野讃良皇后の陰謀があったといわれる。

歴史の現場

律令国家の都として建設された藤原京の宮殿址。

日本のできごと

652年（白雉3）
▼班田収授法《はんでんしゅうじゅのほう》が施行される。

663年
▼白村江の戦いで倭軍が唐・新羅連合軍に敗北する。

667年
▼近江大津宮へ遷都。

671年
▼大海人皇子《おおあまのおうじ》、吉野《よしの》へ退く。
▼天智天皇、崩御する。

672年
▼**壬申の乱が起こる。**（POINT 2）

673年
▼大海人皇子（天武天皇）、即位。

686年（朱鳥元）
▼天武天皇、崩御し、鸕野讃良《うののさらら》皇女《ひめみこ》（持統《じとう》天皇）が称制《しょうせい》する。
▼大津皇子《おおつのみこ》の変が起こる。

689年
▼飛鳥浄御原令《あすかきよみはらりょう》が施行される。
▼持統天皇が即位する。

694年
▼藤原京遷都。

697年
▼持統天皇、草壁《くさかべ》皇子の子・軽《かるの》皇子（文武《もんむ》天皇）に譲位する。

飛鳥時代

世界のできごと

651年
▼ササン朝ペルシアが滅亡する。

661年
▼**ウマイヤ朝が開かれる。**（POINT 1）

663年
▼唐が百済《ひゃくさい》を滅ぼす。

674年
▼ウマイヤ朝軍をビザンツ帝国が撃退する。

676年
▼新羅が朝鮮半島を統一する。

680年
▼カルバラーの戦いで、アリーの息子フサインが戦死。以後**シーア派**が生まれる。

690年
▼唐の高宗《こうそう》の皇后であった武后《ぶこう》が即位して則天武后《そくてんぶこう》となり、国号を周に改める。

697年
▼**ヴェネツィアでドージェ（総督）が初めて選出され、ヴェネツィア共和国が成立する。**（POINT 3）

698年
▼大祚栄《だいそえい》が中国東北部に震国《しんこく》（713年に渤海《ぼっかい》と改称）を建国。

歴史の現場

竜門石窟奉先寺洞（ほうせんじどう）の盧舎那仏。則天武后をモデルに制作されたともいわれる。

豆知識 ギリシア火

この戦いでビザンツ帝国が用いたのが「ギリシア火」とよばれる兵器である。イスラームの軍船を焼き尽くした火炎放射器のような兵器とされるが、その火薬の配合法はビザンツ帝国の滅亡とともに失われ謎に包まれている。

用語解説 スンナ派とシーア派

イスラーム教は大きくスンナ派とシーア派にわかれる。その発端となったのが4代カリフでムハンマドの娘ファーティマの婿であるアリーの暗殺で、この事件ののち、アリーとその子孫にイスラーム共同体を指導する資格があるとする人々がシーア派を形成した。一方、ムアーウィア以降、歴代カリフに従った多数派をスンナ派とよぶ。

3ポイントでわかる!

7世紀後期の世界(651~700年)

勢力の拡大
北海
アングロ＝サクソン七王国
フランク王国
アヴァール
ハザール
ヴェネツィア
第一次ブルガリア帝国
ランゴバルト王国
黒海
ローマ
コンスタンティノープル
カスピ海
西ゴート王国
地中海
大西洋
ビザンツ帝国
抗争
ダマスカス
エルサレム
ウマイヤ朝
メディナ
メッカ
アラビア半島
トレドに司教座が置かれ全盛期を迎える
サマルカンド
スードラ朝
ヒマラヤ山脈
アラビア海
チャールキヤ朝
パッラヴァ朝
パーンディヤ朝
インド洋
657年、唐により滅亡
630年、唐により滅亡
668年、唐が高句麗を滅ぼす
663年、唐が百済を滅ぼす
西突厥
東突厥
吐蕃
長安
唐
南詔
新羅
倭(日本)
則天武后により、690年、周と国名が改められる
白村江の戦い
倭の水軍が、唐・新羅連合軍に大敗を喫する
環王
真臘
太平洋

POINT 1 661年

ウマイヤ朝の創始

第4代正統カリフのアリーが暗殺されると、シリア総督のムアーウィアがカリフを名乗りウマイヤ朝を開いた。ダマスカスを都としてジハード(聖戦)を推進し、北アフリカや中央アジアへ勢力を拡大。ディーワーン制による官僚機構も整えた。

POINT 2 672年

壬申の乱

天智天皇の没後、皇位をめぐって天智天皇の弟・大海人皇子と、実子の大友皇子との間に壬申の乱が勃発する。

隠遁《いんとん》先の吉野にあった大海人皇子は、同地を脱出して東国へ向かい、不破関《ふわのせき》に本営を置いて大津宮を目指した。対する大友皇子方は動員に失敗して敗れ、大友皇子は自害した。

以後、日本では天武・持統朝において律令国家建設へ向けた国づくりが本格化する。

POINT 3 697年

ヴェネツィア共和国の成立

6世紀頃、東方から侵入した異民族に追われ、ラグーナの島々へ移住してきたヴェネト人によって建設されたヴェネツィアで、パオルッチョ・アナフェストが初代総督に選ばれ、ヴェネツィアに総督を長とする共和制の統治方式が確立した。

平城遷都が行われた頃、イスラーム勢力がイベリア半島を征服！

律令制の整備が進んでいた日本で、701年に大宝律令《たいほうりつりょう》が完成。藤原京から平城京への遷都が行われる一方、『古事記《こじき》』『日本書紀《にほんしょき》』が編纂され、国家の体裁が整えられた。

中国では唐に代わって周を立てた則天武后の没後、玄宗《げんそう》が即位して唐を再興した。またこの頃、ヨーロッパがゲルマン民族国家の興亡の舞台となっていたこともあり、地中海はイスラーム勢力の支配する海となった。711年には、ウマイヤ朝が北アフリカからイベリア半島へ侵入。西ゴート王国を滅ぼし、同半島を征服した。

日本のできごと

飛鳥時代

701年（大宝元）
▼大宝律令（日本初の民法・刑法・行政法がそろった本格的な律令）が完成する。

708年（和銅元）
▼和同開珎《わどうかいちん》が鋳造される。

710年（和銅3）
POINT 1
▼**平城京への遷都が行われる。**

奈良時代

712年（和銅5）
▼太安万侶《おおのやすまろ》が『古事記』をまとめる。

718年（養老2）
▼藤原不比等《ふじわらのふひと》ら、養老《ようろう》律令を撰定。

720年（養老4）
▼『日本書紀』が完成する。

723年（養老7）
▼三世一身法《さんぜいっしんのほう》が施行される。

727年（神亀4）
▼渤海使が来日する。

729年（天平元）
▼長屋王《ながやおう》が謀反の嫌疑を受け自害する（長屋王の変）。
▼光明子《こうみょうし》が立后される。

歴史の舞台ウラ 「長屋王の変」の背景

長屋王は、国家転覆を企んだとされ、自害へ追い込まれた。よく藤原氏が邪魔者の長屋王を排除した政変といわれるが、実はこの時長屋王のみならず、吉備内親王とそのふたりの男子も自害させられており、真の狙いは有力な皇位継承候補であったこのふたりだったのではないかともいわれる。

歴史の現場

遷都1300年を記念して復元された平城京の第二次大極殿。

豆知識

日本最初の流通貨幣といわれてきた和同開珎。

世界のできごと

710年
▼唐の韋后《いこう》が中宗《ちゅうそう》を殺害するも、李隆基《りりゅうき》のクーデターによって誅殺される。

711年
POINT 2
▼**ウマイヤ朝が西ゴート王国を滅ぼし、イベリア半島を征服する。**

712年
▼唐で玄宗（李隆基）が即位。武《ぶ》韋《い》の禍《か》が終わり「開元《かいげん》の治《ち》」が始まる。

717年
▼コンスタンティノープルを包囲したウマイヤ朝軍をビザンツ皇帝レオン3世が撃破する。

718年
▼イベリア半島北部にアストゥリアス王国が成立。レコンキスタ（国土回復運動）を開始する。

726年
POINT 3
▼**レオン3世が聖像禁止令を出し、東西教会の対立が深まる。**

歴史の現場

聖像禁止令の影響で生まれたのが、平面的なイコンである。

豆知識 レコンキスタの始まり

アストゥリアス王国の歴代国王は、自分たちが西ゴート王国の末裔であると主張し、イスラーム勢力からイベリア半島の奪還を目指した。これをレコンキスタとよぶ。

用語解説 武韋の禍

唐を復興した中宗であったが、710年、皇后の韋后と娘の安楽公主によって毒殺されてしまう。ここで決起した李隆基（のちの玄宗）は、韋后と安楽公主を殺害し、父の睿宗（えいそう）を皇帝として兵乱を収めた。

則天武后の権力掌握と韋后の専横時代は、ふたりの皇后が政治を乱した時代として「武韋の禍」とよばれる。

3 ポイントでわかる!

8世紀前期の世界（701～730年）

POINT 3 726年 聖像禁止令の発布

ビザンツ皇帝レオン３世が偶像崇拝を禁じるイスラーム教徒に対抗して聖像禁止令を出し、イエスや聖母マリアの像を制作すること、および崇拝することを禁じる。

だが、カトリックでは西ヨーロッパの人々に教義を説明するために絵画を盛んに用いてきた。東西教会の議論は平行線をたどり、キリスト教世界の対立が深まった。

POINT 2 711年 ウマイヤ朝、イベリア半島を制圧！

ウマイヤ朝が西ゴート王国の内紛に乗じて北アフリカからイベリア半島へ侵入し、西ゴート王国を滅ぼす。イベリア半島はイスラーム圏となり、キリスト教とイスラーム教の文化が混交する独自の文化を育んでいく。

POINT 1 710年 平城京へ遷都

元明《げんめい》天皇の時代に大和盆地北部の藤原京から奈良盆地北部の平城京への遷都が行われた。平城京は長安に倣《なら》った区画で、内裏《だいり》を北辺に置き、朱雀大路《すざくおおじ》が中心を南北に走る。だが、平城宮の東側には「外京《げきょう》」とよばれる張り出した一画が設定され、いびつな形を取っていた。

8世紀 中期 731〜770年

どんな時代だった？

聖武天皇が遷都を繰り返していた頃、ピピンが教皇に領土を寄進した！

長屋王を陥れた藤原四子政権の崩壊後、親政を始めた聖武《しょうむ》天皇は仏教を根幹に据えた国家づくりに邁進《まいしん》し、752年に東大寺大仏の開眼供養《かいげんくよう》を迎えた。続く孝謙《こうけん》天皇のもとでは藤原仲麻呂《なかまろ》が政権を握ったが、僧侶・道鏡《どうきょう》の政界での台頭によって没落した。

一方、フランク王国では宮宰《きゅうさい》カール・マルテルが実権を握り、イベリア半島からヨーロッパへ侵入したウマイヤ朝の軍隊を撃退した。その子ピピンは、メロヴィング家の王に代わってフランク王となり、カロリング朝を打ち立てた。

歴史の舞台ウラ 鑑真来日

日本に戒律を伝えるべく来日した鑑真は、5度の渡航失敗を繰り返すなかで失明したというのは有名な話であるが、実は来日後の手紙に、書いた字を正確になぞった跡があることなどから、完全には失明していなかったとみられている。

歴史の舞台ウラ 開眼供養

東大寺の大仏は、開眼供養の段階で、未完成であったが、聖武上皇（太上天皇）の健康状態が思わしくなかったため、列席できるうちに強行された。

用語解説 藤原広嗣の乱

740年、玄昉・吉備真備が主導する聖武天皇の政権下、藤原氏の没落を危惧する藤原広嗣が左遷先の大宰府で起こした反乱。

聖武天皇の側から玄昉・吉備真備を除くことを名目に挙兵したが、官軍の誘降工作によって部隊が崩壊し、鎮圧された。乱の報を聞いた聖武天皇は745年にかけて宮都を転々としたため、その後も政局の混乱が続いた。

日本のできごと

737年（天平9）
▼天然痘《てんねんとう》により藤原四子政権が崩壊する。

738年（天平10）
▼阿倍内親王《あべのないしんのう》（のちの孝謙天皇）、立太子。

740年（天平12）
▼**藤原広嗣《ふじわらのひろつぐ》の乱**が起こる。

▼**聖武天皇、恭仁京《くにきょう》に遷都する。**POINT 1

743年（天平15）

▼大仏造立の詔が出される。
▼墾田永年私財法《こんでんえいねんしざいほう》が施行される。

749年（天平勝宝元）
▼孝謙天皇、即位。藤原仲麻呂、紫微中台《しびちゅうだい》長官となる。

752年（天平勝宝4）
▼東大寺の大仏開眼供養が行われる。

753年（天平勝宝5）
▼唐僧・鑑真《がんじん》が来日する。

764年（天平宝字8）
▼恵美押勝《えみのおしかつ》（藤原仲麻呂）の乱。
▼称徳《しょうとく》天皇（孝謙天皇）が再度即位（重祚《ちょうそ》）する。

769年（神護景雲3）
▼宇佐八幡宮神託事件が起こる。

奈良時代

世界のできごと

732年
▼トゥール・ポワティエ間の戦いで、フランク王国の宮宰カール・マルテルがウマイヤ朝軍を撃退する。

750年
▼**ウマイヤ朝が滅ぼされ、アッバース朝が成立する。**

POINT 2

751年
▼唐の高仙芝《こうせんし》、**タラス河畔の戦い**でアッバース朝軍に敗れる。
▼フランク王国でカール・マルテルの子ピピン（ピピン3世）によってカロリング朝が始まる。

755年
▼**唐で安史《あんし》の乱が起こる。**

POINT 3

756年
▼**「ピピンの寄進」**が行われる。
▼イベリア半島に後ウマイヤ朝が開かれる。

762年
▼アッバース朝でハールーン＝アッラシードが即位する。

768年
▼ピピン3世の子カール1世がフランク王となる。

歴史の舞台ウラ ピピンの寄進と教皇領の成立

751年にフランク王国でカロリング朝を創始したピピン3世は、イタリア半島のランゴバルト族を破ると、メロヴィング家の王を廃したことを黙認してもらった見返りとしてラヴェンナ地方などをローマ教皇に寄進した。これが教皇領の始まりとなる。これにより教皇はキリスト教世界の頂点に立ちながら、世俗の権力を持つ存在ともなった。

歴史の現場

教皇領の主・ローマ教皇の宮殿となるヴァチカン宮殿。

豆知識 製紙法の伝播

タラス河畔の戦いは、アッバース朝の勝利に終わる。唐の捕虜はサマルカンドへと連行されたのだが、このなかに紙漉《す》き工がいた。アッバース朝はこの事実を知るとサマルカンドに製紙工場を建設し、やがて紙を輸出するようになる。製紙法は12世紀までにヨーロッパに浸透し、やがて活版印刷の発明を促すこととなる。

3ポイントでわかる！

8世紀中期の世界（731～770年）

POINT 1 740年～ 聖武天皇の彷徨

藤原広嗣の乱の勃発によって聖武天皇は動揺し、恭仁京、難波《なにわ》京（紫香楽《しがらきの》宮《みや》）などに都を転々と移した。

一方で聖武天皇は、仏教を根幹に据えた国家づくりを推進し、国分寺・国分尼寺や大仏の造立を進めた。

POINT 2 750年 アッバース革命

シーア派や非アラブ系改宗者の不満を利用したアブー＝アルアッバースによりウマイヤ朝が倒され、アッバース朝が成立する。

アッバース朝はアラブ人の徴税面での特権を廃止してイスラーム教徒の平等を実現。アラブ帝国はイスラーム帝国へと発展した。こうした大変革からアッバース朝の建国は、「アッバース革命」とよばれる。

POINT 3 755年 安史の乱勃発！

開元の治とよばれる善政を布《し》いた玄宗が、その晩年、楊貴妃に惑溺《わくでき》して唐の国政が乱れると、節度使（辺境守備隊の指揮官）の安禄山《あんろくざん》が、親友の史思明《ししめい》と結託して唐に反旗を翻した。

安禄山は洛陽や長安を占領し、玄宗は四《し》川《せん》へ逃亡を余儀なくされる。唐はウイグルの援助を受けて抵抗し、反乱軍の内紛もあって763年にようやく鎮定した。

8 世紀 後期 771〜800年

どんな時代だった?

平安遷都が行われた頃、カール大帝がローマ皇帝の帝冠を受けた!

781年に桓武《かんむ》天皇は、平城京から長岡京《ながおかきょう》への遷都を決定したが、785年、早良《さわら》親王が藤原種継《たねつぐ》暗殺に関与したと疑われ自害する事件が起こる。するとその後、不吉な出来事が相次いだため、天皇は平安京への遷都を決意した。

一方、ヨーロッパでは、793年のリンディスファーン島襲撃を皮切りにスカンディナビア半島のノルマン人、いわゆるヴァイキングがヨーロッパ各地への侵攻を始める。そうしたなか、フランク王国のカール1世がヨーロッパに大帝国を築き、西ローマ皇帝の帝冠を受けた。

豆知識 三十八年戦争の始まり

蝦夷による桃生城、伊治呰麻呂による多賀城襲撃によって始まった蝦夷と朝廷の戦争は、坂上田村麻呂が蝦夷の指導者アテルイを捕らえたのち、桓武天皇が805年に遠征の中止を命じるまで断続的に続いた。

歴史の現場

宮城県の多賀城政庁跡。蝦夷の襲撃を受けた多賀城は、朝廷による東北植民の拠点でもあった。

歴史の現場

平安京の羅城門跡。平安京の京域は東西4・5km、南北5・2kmの長方形。北端中央に大内裏が置かれ、そこから南へ向かって朱雀大路が通された。

日本のできごと

772年（宝亀3）
▼井上《いのえ》内親王、呪詛《じゅそ》の罪で廃后。

774年（宝亀5）
▼蝦夷が桃生城《ものうじょう》を襲う。三十八年戦争の始まり。

780年（宝亀11）
▼蝦夷の伊治呰麻呂《いじのあざまろ》、多賀城《たがじょう》を襲撃する。

781年（天応元）
▼桓武天皇が即位する。

784年（延暦3）
▼長岡京遷都。

785年（延暦4）
▼早良親王、造長岡宮使・藤原種継暗殺事件への関与を疑われ、自害する。

788年（延暦7）
▼蝦夷征討が開始される。
▼最澄《さいちょう》、比叡山延暦寺《ひえいざんえんりゃくじ》を建立。

POINT 2
794年（延暦13）
▼**平安京遷都。**

797年（延暦16）
▼『続日本紀《しょくにほんぎ》』編纂される。
▼坂上田村麻呂《さかのうえのたむらまろ》が征夷大将軍に就任する。

奈良時代 ／ 平安時代

世界のできごと

771年
▼カール1世（シャルルマーニュ）、フランク王国の単独王となる。

773年
▼カール1世、イタリアに侵攻してランゴバルト王国と戦う。

774年
▼カール1世、ランゴバルト王国の首都パヴィアを攻略し、イタリア王となる。

780年
▼楊炎《ようえん》、**両税法《りょうぜいほう》**を施行する。

POINT 1
786年
▼**アッバース朝でハールーン・アッラシードがカリフとなる。**

789年
▼モロッコにイドリース朝が成立する。

793年
▼ノルマン人、リンディスファーン島を襲撃する。

POINT 3
800年
▼**カール1世、西ローマ皇帝の帝冠を授かる（カールの戴冠《たいかん》）。**

用語解説 両税法

安史の乱後、田地が荒廃して自作農が没落。これに比例して大土地所有者が増加した。結果、一律に税を課していた均田制と租庸調制が崩壊し、唐の税収が激減した。そこで宰相の楊炎は大土地所有を認める一方で、資産に比例して課税し銭納を原則とする税制に改めた。これが両税法で、夏の麦や綿と冬の稲を対象に、夏（6月）と冬（11月）の2回徴税されたため、こうよばれる。

DVDガイド 『ヴァイキング』

古代スカンディナビアの伝説的な英雄ラグナル・ロズブロークの物語を描く、歴史ドラマ。暴力に支配される８世紀末の北欧を舞台に、ラグナルが智謀と武力を駆使して王の座へと駆け上っていく。ヒストリーチャンネル制作による時代考証の正確さも必見。

3ポイントでわかる！ 8世紀後期の世界（771~800年）

勢力の拡大
スカンディナビア半島
地球規模の温暖化の影響を受けて北欧の人口が増加。食糧不足に陥ったことがきっかけとなってヴァイキングの活動が活発化し、793年のリンディスファーン島襲撃を皮切りに海賊活動が始まる
北海
カール大帝が勢力を拡大
アングロ－サクソン七王国
フランク王国
征服
アヴァール
アストゥリアス王国
ランゴバルト王国
第一次ブルガリア帝国
黒海
ローマ教会
コンスタンティノープル
大西洋
後ウマイヤ朝
ビザンツ帝国
地中海
エルサレム
イドリース朝
アッバース朝
キリスト教世界の主導権をめぐる対立（→ 44ページ）
789年、アッバース朝から自立
メッカ
アラビア半島
カスピ海
サマルカンド
バグダード
安史の乱の頃、ウイグルが南下、吐蕃が北上を始めた結果、唐が西域経営を放棄すると両国が衝突を始める（→ 35ページ）
ウイグル
吐蕃
ヒマラヤ山脈
デリー
プラティハーラ朝
南詔
唐
渤海
渤海使を送る
新羅
平安京
日本
安史の乱後の混乱を避けて遣唐使を停止
楊炎が両税法を施行する
チャールキヤ朝
パッラヴァ朝
パーンディヤ朝
アラビア海
海真臘
環王
太平洋
シンハラ
インド洋

POINT 2 794年 平安遷都

平城京からの遷都の理由は、天武天皇系の政権を支えてきた貴族や寺院の勢力の影響を排するためといわれる。

当初は長岡京への遷都が進められていたが、建設途中に早良親王が謀反の疑いをかけられて憤死する事件が発生。以降、不吉な出来事が相次いだため、平安京への遷都が決定された。

POINT 1 786年 アッバース朝の最盛期

786年に即位したハールーン・アッラシードの治世は、アッバース朝の最盛期である。このカリフは『千夜一夜物語』などで偉大なる帝王として語り継がれ、文化を奨励しバグダードを繁栄に導く一方、ビザンツ帝国と抗争を繰り広げた。

このためビザンツ帝国を共通の敵とするフランク王国との間に交流をもち、フランク側の記録には贈り物の交換をしたとある。

POINT 3 800年 カールの戴冠

西ヨーロッパを統一したフランク王国のカール1世（ピピン3世の子、シャルルマーニュ）に対し、教皇レオ3世がサン＝ピエトロ大聖堂にて西ローマ皇帝の帝冠を授けた。

当時ローマ教会は首位教会としての地位や聖像禁止令などをめぐってビザンツ（東ローマ）帝国のコンスタンティノープル教会と対立していた。こうしたなかで台頭したカール1世をローマ教会の庇《ひ》護者としたことで、西ヨーロッパにビザンツ帝国に対抗する一大勢力が誕生したのである。

9世紀 前期 801〜850年

どんな時代だった？

最澄と空海が平安仏教の担い手となった頃、ヴェルダン条約でフランク王国が3つに分裂！

桓武天皇を継いだ平城《へいぜい》天皇は、わずか3年で退位するも、朝政への干渉を続け、嵯峨《さが》天皇との間に確執を芽生えさせる。これに藤原氏の権力争いが絡んで、810年に薬子《くすこ》の変が起こった。またこの頃、最澄と空海《くうかい》が密教を輸入。天台宗《てんだいしゅう》と真言宗《しんごんしゅう》を開いた。

800年に西ローマ皇帝に推戴されたカール大帝（シャルルマーニュ）により、フランク王国は広大な版図を誇ったが、843年に結ばれたヴェルダン条約により、3人の孫たちによって分割された。地中海ではイスラーム勢力の活動が活発化し、シチリア島が攻撃を受けている。

日本のできごと

804年（延暦23）
▼最澄と**空海**が遣唐使に随行し、唐へ渡る。

806年（大同元）
▼最澄、天台宗を開く。

POINT 1
▼**空海、真言宗を開く。**

810年（弘仁元）
▼蔵人所《くろうどどころ》が設置され、藤原冬嗣《ふゆつぐ》が蔵人頭《くろうどのとう》となる。
▼薬子の変が起こる。

820年（弘仁11）
▼「弘仁格式《こうにんきゃくしき》」が編纂される。

833年（天長10）
▼「令義解《りょうのぎげ》」が撰上される。

838年（承和5）
▼最後の遣唐使が派遣される。

842年（承和9）
▼承和《じょうわ》の変が起こり、謀反の罪で橘逸勢《たちばなのはやなり》と伴健岑《とものこわみね》が流刑となる。

848年（嘉祥元）
▼唐留学中に廃仏に直面した天台僧の円仁《えんにん》が帰国する。

平安時代

世界のできごと

802年
▼ジャヤヴァルマン2世により、アンコール朝が成立する。

827年
▼イスラーム勢力のシチリア島侵攻が始まる。

828年
▼聖マルコの遺骨がヴェネツィアに到着する。

829年
▼ウェセックス王エグバートによりブリテン島が統一される。

833年
POINT 2
▼**アッバース朝でトルコ系軍人奴隷（マムルーク）による親衛隊が組織される。**

843年
POINT 3
▼**ヴェルダン条約が締結され、フランク王国が3つに分裂。**
▼コンスタンティノープル公会議が開かれ、聖像崇拝が復活する。

845年
▼唐の**武宗《ぶそう》**が道教を重んじて仏教弾圧を行う（会昌《かいしょう》の廃仏）。

歴史の舞台ウラ 「承和の変」の裏側

嵯峨上皇崩御の直後、藤原良房は、皇太子に立てられていた恒貞《つねさだ》親王を廃し、仁明天皇と良房の妹・順子の子である道康親王を皇太子とすることを画策した。その過程で処罰されたのが、橘逸勢と伴健岑で、変ののち橘氏は没落し、藤原良房の権勢が増したことから、変自体が良房の仕組んだものとする説が有力視されている。

この人物が凄い！ 空海（774〜835年）

讃岐国に生まれた空海は、791年に大学寮へ入るものの退学して仏道を志し、804年の遣唐使船で入唐。長安・青龍寺の恵果《けいか》に師事して密教を学んだ。ここで遍照金剛の密号を授けられた空海は、806年、留学を切り上げて帰国。朝廷と深く結びつき、816年に勅許を得て高野山金剛峯寺を開創。823年に、東寺を賜り真言密教の根本道場とするなど、真言密教の発展に尽力し、一代にして真言密教の体系を築き上げた。

豆知識 武宗と宗教

中国ではこうした仏教の弾圧が4人の皇帝によって行われた。すなわち、北魏の太武帝（5世紀）、北周の武帝（6世紀）、唐の武宗（9世紀）、後周の世宗（10世紀）で、これらを総称して「三武一宗（さんぶいっそう）の法難」とよぶ。

歴史の現場

イタリア北西部ヴェルナッツァの町。イスラーム海賊の襲撃に備え、沿岸部の町にはサラセンの塔とよばれる見張り塔が建てられた。

歴史の現場

12世紀の王スールヤヴァルマン2世によって築かれたアンコール・ワット。

3ポイントでわかる！ 9世紀前期の世界(801～850年)

POINT 1 806年 真言宗開宗

道鏡のような政治僧を生み、政治への干渉を始めた奈良の国家仏教を嫌った桓武天皇は、長岡京と平安京への遷都の際に、南都七大寺の移転を許さなかった。こうした流れのなかで、最澄によって天台教学が確立され、空海によって真言密教が輸入されたのである。

POINT 3 843年 ヴェルダン条約

カール大帝亡き後、その帝国はルートヴィヒ1世に継承されたが、その没後、3子により分割された。これによりカロリング朝のフランク王国は東フランク、西フランク、中フランク（ロートリンゲン）に分裂する。

POINT 2 833年 トルコ人奴隷による親衛隊(マムルーク)が設立される

繁栄を謳歌《おうか》するなかで軍隊の弱体化が懸念されたアッバース朝は、マムルーク（トルコ系軍人奴隷）による親衛隊を編制する。マムルークとは、乗馬と騎射に長けたトルコ系遊牧民の男子のなかで、イスラムの王侯が購入して軍人に育て上げた者たちである。

9 世紀 後期 851〜900年

どんな時代だった?

応天門の変が起こった頃、フランス・ドイツ・イタリアの基礎が固まった!

清和《せいわ》天皇の即位によって、事実上、摂政の役割を果たすようになった藤原良房は866年、応天門《おうてんもん》の変で伴善男《とものよしお》を失脚させた。藤原氏の権勢が増すなか、宇多天皇は菅原道真《すがわらのみちざね》を抜擢。藤原氏の対抗馬とした。道真は遣唐使廃止を建議したが、その根拠のひとつが唐の動揺である。安史の乱以降、衰退を続けていた唐では、875年に黄巣《こうそう》の乱が勃発し混乱の極みに達した。

一方、フランク王国では、870年のメルセン条約で中フランク領の一部が東西フランク王国に接収され、フランス・ドイツ・イタリアの基礎が形づくられた。

歴史の現場

応天門を再現して造られた平安神宮の門。

歴史の舞台ウラ 「応天門の変」の裏事情

応天門の変には、目撃者が事件後5か月も過ぎてから現れるなど不可解な点が多い。伴善男の失脚と入れ違いに、藤原良房が正式に摂政となったことから、伴氏排除を狙った良房の策謀が指摘されている。

藤原氏の他貴族排斥	
承和の変(842年)	伴健岑らが東国での乱を企てたとして処罰される。
応天門の変(866年)	伴善男が応天門放火の犯人とされ、処罰される。
阿衡の紛議(887年)	天皇の勅の「阿衡」の語を利用して、起草者・橘広相(ひろみ)を藤原基経が処分に追い込む。
菅原道真の左遷(901年)	藤原時平の策謀により、菅原道真が左遷される。
安和の変(969年)	関白実頼、右大臣師尹らにより、左大臣源高明が左遷される。

日本のできごと

857年(天安元)
▼藤原良房、太政大臣《だいじょうだいじん》となる。

866年(貞観8) POINT 1
▼**応天門の変が起こり、伴善男が伊豆《いず》へ流刑となる。**

872年(貞観14)
▼藤原良房が死去し、藤原基経《もとつね》が摂政に就任する。

873年(貞観15)
▼清和天皇、孫の経基王《つねもとおう》に源姓《みなもと》を与える。

887年(仁和3)
▼阿衡《あこう》の紛議が起こる。

889年(寛平元)
▼桓武天皇の曽孫・高望王《たかもちおう》に平《たいら》姓が与えられる(桓武平氏の成立)。

894年(寛平6)
▼菅原道真が遣唐大使に任命され、遣唐使廃止を建議する。

899年(昌泰2)
▼藤原時平《ときひら》が左大臣に、菅原道真が右大臣に就任。

平安時代

世界のできごと

862年
▼リューリクがノヴゴロド国を建国する。

870年 POINT 2
▼**メルセン条約が結ばれる。**

871年
▼アルフレッド大王がイングランドの統治を開始する。

875年 POINT 3
▼**唐で黄巣の乱が起こる。**
▼中央アジアにサーマーン朝が成立。

878年
▼イスラーム勢力がシラクサを攻略し、シチリア島を制圧する。

885年
▼ノルマン人のパリ包囲をパリ伯ウードが撃退する。
▼東フランクのカール3世(肥満王)、西フランクの支配権を得て、カール大帝の帝国を一時再現する。

882年
▼リューリクの子イーゴリによりキエフ大公国が成立する。

888年
▼パリ伯ウード、西フランクの王となる。

豆知識 ロシアの起源

ロシア最古の歴史書『ロシア原初年代記』には、内紛に悩んだ指導者らが、「海のかなた」から統治者を招いたところ、やってきたのがノルマン人のリューリクら三兄弟で、彼らがノヴゴロド国を建国したと伝えられる。このリューリクの子孫がキエフ公国を建国。のちにロシアの起源となった。

豆知識 黄巣のネットワーク

中国の歴代王朝は塩の専売制を取り、唐もこれを踏襲していた。結果、国内には塩の密売人がネットワークを形成するようになっていた。黄巣もそうした密売人のひとりで、密売人のネットワークを介して乱を拡大させた。

豆知識

ヴァイキングが航海に用いたロングシップ。速度を優先して喫水が浅く、海岸に乗り付けることもできた。

3ポイントでわかる！

９世紀後期の世界（851〜900年）

POINT 1　866年　応天門の変

閏《うるう》3月、平安宮朝堂院南面に設けられた応天門が焼失すると、大納言・伴善男が政敵である左大臣の 源《みなもとの》 信《まこと》 を犯人として訴えたが、8月、逆に門に放火したのは伴善男であると告発され、伴善男のほうが処罰された。国宝『伴大納言絵巻』はこの事件を題材としている。

POINT 2　870年　メルセン条約

870年、中フランク王ロタール２世の死後、その領土の一部が東西フランク王国によって分割・併合され、今日のフランス、イタリア、ドイツの基礎が生まれた。

POINT 3　875年　黄巣の乱が起こる

王仙芝《おうせんし》の反乱に呼応した塩の密売人・黄巣が、圧政や飢饉によって困窮する農民を糾合したことで大反乱へと発展した。山東での挙兵後、広州へ転戦。880年には長安を占領し、帝位について国号を大斉と定めたが、884年に鎮圧された。

10世紀 前期 901〜950年

どんな時代だった？

平将門の乱が起こった頃、中国とイスラームが分裂状態となった！

藤原氏への対抗馬として活躍した菅原道真は、901年、大宰府《だざいふ》へと左遷された。この頃になると、地方では武士の台頭が著しく、939年には関東で平将門《たいらのまさかど》が、瀬戸内で藤原純友《すみとも》が反乱を起こした。

大陸では、首都長安《ちょうあん》周辺を領有する小政権となっていた唐が、朱全忠《しゅぜんちゅう》に滅ぼされた。大帝国の分裂はイスラーム圏でも起こる。チュニジアにファーティマ朝が分立してカリフを名乗ると、後ウマイヤ朝のアブド＝アッラフマーン3世もこれに倣ったことで、3人のカリフと並び立つ状態となった。

歴史の現場

菅原道真を祀る太宰府天満宮。

この人物が凄い！ 平将門（？〜940年）

平安中期の武将。下総を本拠地としていたが、父の遺領をめぐって叔父と争い、これを打ち破った。その後、朝廷の審問を受けたことを機に反乱を起こし、常陸国府を襲撃。下野・上野国府を攻略すると、「新皇」を名乗って関東独立を図る。しかし、940年、朝廷の命により追捕に下ってきた平貞盛と藤原秀郷によって討ち取られた。

歴史の舞台ウラ 延喜・天暦の治

10世紀前半の醍醐《だいご》・村上両天皇の治世は、摂政・関白が置かれず、外戚を優遇することなく公平な人事が行われたため、理想的な時代と評価された。

日本のできごと

901年（昌泰4）
▼菅原道真、大宰府に左遷。

905年（延喜5）
▼『古今和歌集《こきんわかしゅう》』が撰進される。

921年（延喜21）
▼空海に弘法大師《こうぼうだいし》の諡号《しごう》が贈られる。

930年（延長8）
▼清涼殿《せいりょうでん》に落雷。菅原道真の祟《たた》りと怖れられる。

935年（承平5） POINT 3
▼**平将門、伯父の国香《くにか》を殺害。承平《じょうへい》・天慶《てんぎょう》の乱が勃発する。**

939年（天慶2）
▼平将門、新皇を称する。
▼藤原純友、海賊を率いて讃《さぬ》岐《き》・淡路《あわじ》などを襲う。

940年（天慶3）
▼平貞盛《さだもり》・藤原秀郷《ひでさと》が平将門を討つ。

941年（天慶4）
▼小野好古《おののよしふる》ら藤原純友を討つ。

949年（天暦3）
▼村上《むらかみ》天皇の親政が始まる。

平安時代

世界のできごと

907年 POINT 1
▼**朱全忠、唐を滅ぼし、後梁《こうりょう》を建国。以後五代十国《ごだいじっこく》時代に突入する。**

909年
▼チュニジアにファーティマ朝が成立する。

911年
▼東フランクのカロリング朝が断絶。
▼ノルマン人の首長ロロがノルマンディー公となる。

916年
▼大契丹《だいきったん》（のちの遼《りょう》）が建国。

918年
▼朝鮮半島で高麗《こうらい》が建国される。

929年 POINT 2
▼**後ウマイヤ朝のアブド＝アッラフマーン3世がカリフを名乗る。**

936年
▼オットー1世が東フランクのドイツ国王に選出される。
▼遼が後晋《こうしん》から燕雲十六州《えんうんじゅうろくしゅう》を獲得。

946年
▼シーア派のブワイフ朝、バグダードに入城する。

豆知識 カリフ権威の失墜

ブワイフ朝は、バグダードに入城後、アッバース朝のカリフを傀儡《かいらい》化し、大アミールの称号を得た。当時イスラームの指導者であるカリフは権威のみの存在となっていた。

豆知識 オットー1世の教会政策

オットー1世はドイツの司教に王領地を寄進して知事に任命し、聖職者の任免権を押さえることで教会を国家の組織に取り込んでいった。11世紀中葉のドイツやイタリアなどでは、司教や修道院長の諸侯化が進行して教会が皇帝の支配下に組み込まれ、叙任権闘争の主因となっていく。

用語解説 五代十国

朱全忠の後梁は20年ともたずに後唐によって滅ぼされる。その後50年にわたり黄河の中原《ちゅうげん》では後晋、後漢、後周が興亡し、その周辺にも10国が登場したため、この時代を五代十国とよぶ。

分裂状態は960年の宋による統一まで50年以上にわたって続く。

3 ポイントでわかる！

10世紀前期の世界(901～950年)

POINT 1 907年 唐の滅亡

黄巣の乱によって衰退した唐。昭宗《しょうそう》は、乱の鎮圧に貢献した朱全忠を重用して立て直しを図ったが裏切られ、904年に殺害された。朱全忠は哀帝《あいてい》を擁立して科挙官僚を虐殺し、907年、哀帝に禅譲を迫って後梁を建国。唐は滅亡した。

POINT 2 929年 イスラーム帝国の分裂

シーア派により建国されたファーティマ朝は910年、君主がカリフを名乗る。さらに929年にはイベリア半島の後ウマイヤ朝の君主アブド=アッラフマーン3世がファーティマ朝に倣ったため、これまで1人であったカリフが3人存在することになり、イスラーム勢力の分裂が決定的となった。

POINT 3 935年 承平・天慶の乱が勃発！

935年、関東地方に土着した桓武平氏の一族間の所領争いから平将門の乱が勃発。将門は「新皇」を称して関東各地の国衙《こくが》(政府)を襲い独立国家樹立を企てたが、藤原秀郷らに討たれた。

一方、瀬戸内海では、ほぼ同時期に藤原純友が海賊を組織して朝廷に反抗。941年にかけて活発に活動したが、小野好古らによって討ち取られた。

藤原道長が権力を握った頃、神聖ローマ帝国が成立！

どんな時代だった？

10世紀の末、朝廷に藤原道長《みちなが》が登場する。彼はもともと摂政・藤原兼家《かねいえ》の五男であったが、兄の道隆《みちたか》をはじめ上席にあった者たちが次々に没したことで右大臣、ついで内覧へと昇進。娘の彰子《しょうし》を一条《いちじょう》天皇の中宮《ちゅうぐう》とし、さらに3人の娘を代々皇后として摂関政治を展開した。

この頃、中国では趙匡胤《ちょうきょういん》によって宋《そう》が建国され、その跡を継いだ弟の太宗《たいそう》（趙匡義《ちょうきょうぎ》）が北漢《ほっかん》を滅ぼして中国を再統一した。ヨーロッパでは、東フランクのオットー1世が異民族マジャール人を撃退。962年に教皇から神聖ローマ帝国冠を受け、神聖ローマ帝国が成立した。

日本のできごと

972年（天禄3）
▼藤原兼通《かねみち》、関白内大臣に就任。

985年（寛和元）
▼源信《げんしん》、『往生要集《おうじょうようしゅう》』を著す。

986年（寛和2）
▼藤原兼家の陰謀により、花山《かざん》天皇が譲位し出家する。

990年（永祚2）
▼藤原兼家の関白就任後、藤原道隆が摂政・関白に就任する。

993年（正暦4）
▼天台宗が山門《さんもん》派と寺門《じもん》派に分裂する。

POINT 3
995年（長徳元）
▼**藤原道隆が死去し、道長が内覧となる。**

996年（長徳2）
▼藤原道隆の子・伊周《これちか》と隆家《たかいえ》、花山法皇を襲撃し左遷される。

998年（長徳4）
▼道長の『御堂関白記《みどうかんぱくき》』、記述が始まる。

1000年（長保2）
▼道隆の娘・定子《ていし》が皇后に、道長の娘・彰子が中宮《ちゅうぐう》となる。

平安時代

世界のできごと

955年
▼レヒフェルトの戦いで**オットー1世**がマジャール人を撃退する。

960年
▼中国で趙匡胤が宋を建てる。

POINT 1
962年
▼**オットー1世、教皇ヨハネス12世からローマ帝冠を受け、神聖ローマ帝国が成立する。**

969年
▼ファーティマ朝がエジプトを征服し、カイロを造営する。

976年
▼ビザンツ帝国でバシレイオス2世が即位する。

978年
▼ユーグ・カペー、オットー2世の侵攻を撃退する。

POINT 2
979年
▼**宋の太宗（趙匡義）が北漢を滅ぼし、中国を統一する。**

987年
▼ユーグ・カペーがフランス王となる（カペー朝の始まり）。

豆知識　平安貴族の日記

摂関政治の時代、平安貴族の家門が分立し、官位や地位の世襲化・専門化が進み、何事にも形式が重んじられるようになる。

政務のなかには形式を重んじる儀式も多く、それを知っておくために重要だったのが過去の日記であった。貴族たちは毎日のように日記をつけて、自分が参加した儀式を詳細に記録し、職務に生かしたのである。

日記は子孫にとっても必需品となり、さらには貴族同士の間で売買されることもあった。

歴史の現場

平安時代の権力闘争の舞台となった京都御所。

この人物が凄い！　オットー1世（912〜973年）

東フランク王国ザクセン朝第2代の王となったオットー1世は、東方から勢力を伸ばしつつあったスラヴ人やマジャール人を討ち、ベーメンとイタリアを制圧した。とくに騎馬民族マジャール人を討った955年のレヒフェルトの戦いの勝利によって、オットー1世はキリスト教世界を異民族から救った英雄と目されるようになり、962年、教皇からローマ皇帝の帝冠を与えられて神聖ローマ帝国の建国者となった。

歴史の舞台ウラ　朝起きたら皇帝になっていた趙匡胤

960年に契丹が南侵してきた際、これを迎え撃つ後周の皇帝は8歳だった。

後周軍を率いていた趙匡胤は、陣中で酒を飲んで寝ていたところを叩き起こされ、彼の即位を望む将兵に皇帝の袍《ほう》を着せられた。これが宋の太祖の誕生であった。

3 ポイントでわかる！ 10世紀後期の世界（951～1000年）

POINT 2 979年 宋の中国統一

宋は、後周の有力武将であった趙匡胤が960年に禅譲を受けて成立した。

趙匡胤は976年、呉越・北漢の征服を前に没したが、跡を継いだ弟の趙匡義が979年までに残る呉越・北漢を滅ぼし、およそ70年ぶりに中国を統一した。

POINT 1 962年 神聖ローマ帝国の成立

936年に東フランク王となったオットー１世は、マジャール人をレヒフェルトの戦いで破り、962年、教皇ヨハネス12世からローマ皇帝の帝冠を受ける。ドイツを領土とする神聖ローマ帝国が誕生した。

実際に戴冠当初から「神聖」を名乗っていたのではなく、その名称が初めて現れるのは、13世紀のことである。

POINT 3 995年 道長が内覧となる

兄・藤原道隆の没後、内覧となって権力の頂点に立った道長は、999年、娘の彰子を一条天皇へ入内させると、以後さらに２人の娘を中宮に立て、天皇の外祖父となって実権を握った。

このように藤原氏北家の嫡流《ちゃくりゅう》が摂政・関白、もしくは内覧（公文書を内見し、政務を代行する者）。として国政を主導する政治を「摂関政治」とよぶ。

11 世紀 前期 1001〜1030年

どんな時代だった？

紫式部が『源氏物語』を書いた頃、北ヨーロッパに北海帝国が誕生！

11世紀初頭、日本では紫式部《むらさきしきぶ》が『源氏物語《げんじものがたり》』を著すなど、宮中に国風文化の華が咲いた。その頃、九州に刀伊《とい》(女真族《じょしんぞく》)が来襲するという事件が起こり、大宰権帥《だざいのごんのそち》・藤原隆家が在地の武士団を率いてこれを撃退した。

また、中国統一を成し遂げた宋は、遼の圧迫を受けて澶淵《せんえん》の盟《めい》を結び、一応の安定を得た。ブリテン島がノルマン人の一派デーン人によって征服されたのはこの時期のこと。1013年、デーン人の王スヴェン1世がイングランドを征服。その子クヌートがイングランド、デンマーク、ノルウェーの王位につき、北海帝国を築いた。

豆知識 紫式部と清少納言

彰子に仕えた紫式部は『紫式部日記』のなかで、定子に仕えた清少納言を、「自信たっぷりな得意顔で呆れる」「賢そうに漢文を書き散らしている」などと痛烈にけなしている。ここから、両者は宮中で直接火花を散らしたライバルと思われがちであるが、実は両者の間に面識はない。

用語解説 刀伊の入寇

朝鮮半島の北、中国東北部にあった刀伊(女真族)が1019年、50隻ほどの船団を組んで朝鮮半島を南下し、博多に上陸した。4月以降、刀伊が福岡の沿岸部をたびたび襲うようになると、時の大宰権帥・藤原隆家は、在地の豪族を率いて防戦に努め、撃退に成功した。

元寇に先立つ外国勢力の来襲であったが、時の朝廷は筑前の寺での修法を行うことを決定したくらいで、戦後、恩賞を与えることを渋ったりと危機管理意識の低さを露呈している。

日本のできごと

1010年(寛弘7)
▼この頃までに**紫式部が『源氏物語』を著す。** (POINT 2)

1016年(長和5)
▼藤原道長、摂政に就任する。

1017年(寛仁元)
▼藤原道長、太政大臣に就任。
▼藤原頼通《よりみち》、摂政となる。

1018年(寛仁2)
▼道長の娘・彰子が太皇太后、妍子《けんし》が皇太后、威子《いし》が中宮となる。

1019年(寛仁3)
▼**刀伊《とい》の入寇《にゅうこう》**が起こる。
▼藤原頼通、関白に就任。

1027年(万寿4)
▼藤原道長、死去する。

1028年(長元元)
▼関東で平忠常《ただつね》の乱が起こる。

平安時代

世界のできごと

1001年
▼ガズナ朝のマフムードがインドに侵入する。

1004年
▼**宋、遼と澶淵の盟を結ぶ。** (POINT 1)

1009年
▼ベトナムに李朝が成立する。

1013年
▼デンマーク王スヴェン1世がイングランドを征服する。

1016年
▼**クヌート**がイングランド王となる。
▼ジェノヴァ・ピサの両市がアラブ人からサルデーニャ島を奪回する。

1018年
▼クヌート、デンマーク王となる。
▼ビザンツ帝国のバシレイオス2世、ブルガリアを征服する。

1028年
▼クヌートがノルウェー・スウェーデン連合軍をオスロ・フィヨルドの戦いで破る。

1030年
▼**クヌートが、「北海帝国」を完成させる。** (POINT 3)

豆知識 バシレイオス2世のブルガリア征服

バシレイオス2世は、1014年にクレディオンの戦いに大勝した際に、捕虜となった1万4000人のブルガリア兵を、100人につきひとりの片目だけを残して全員の眼を潰した。そのうえで捕虜をブルガリアへと送り返したところ、ブルガリア皇帝は震え上がり卒倒したと伝わる。

豆知識 イタリア王国の始まり

サルデーニャ島はイタリア半島西方、コルシカ島の南の地中海に浮かぶ。のちにこの島を領有したサヴォイア家がサルデーニャ王国を建て、イタリア統一の原動力となる。

この人物が凄い！ クヌート(995頃〜1035年)

1014年、父のデンマーク王スヴェン1世とともにイングランドに侵入すると、父王戦死後の1016年、イングランドを征服してデーン朝を開いた。さらに兄の死によってデンマーク王を兼ねると、その後、ノルウェー・スウェーデンの一部を征服して北海を内海とする海上帝国を建設した。

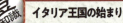

3ポイントでわかる!

11世紀前期の世界(1001～1030年)

POINT 2 1010年頃

『源氏物語』と国風文化

10世紀から11世紀にかけて、唐との正式な国交が途絶えた日本では、中国から受け入れた文化を土台にして独自の文化が形成された。

かな文字が形成され、『源氏物語』『枕草《まくらのそう》子《し》』を筆頭に、『伊勢《いせ》物語』、『土佐《とさ》日記』などの平安文学が立て続けに生まれている。

刀伊の入寇

1019年、女真族の一団が九州北部を略奪

POINT 3 1030年

「北海帝国」の成立

1016年にイングランドを征服したクヌートは、デンマークに加え、ノルウェー、スウェーデンを支配下に入れ北海を内海とする大国を建設した。クヌートの治世は20年におよび、法律や税制を整備するなどの政治手腕を見せた。

POINT 1 1004年

澶淵の盟

澶淵の盟は、契丹《きったん》によって建設された遼の聖宗《せいそう》と宋の真宗《しんそう》の間で結ばれた和平協定。宋を兄、遼を弟として毎年20万疋《ひき》の絹と銀10万両を宋から遼へと送り、国境を現状維持することなどが定められた。

どんな時代だった？

平等院鳳凰堂が建立された頃、キリスト教会が東西に分裂！

平安時代後期の日本では、1052年を境に仏の教えが失われるという末法《まっぽう》思想が流行。貴族たちは平等《びょうどう》院鳳凰堂《いんほうおうどう》に代表される寺の寄進によって極楽往生を祈った。そうしたなか東北の安倍《あべ》氏が朝廷に反旗を翻し、前《ぜん》九年《くねん》の役《えき》が勃発。源頼義《よりよし》・義家《よしいえ》父子に鎮圧された。

1054年、南イタリアの教会の帰属をめぐる対立を機に、キリスト教会がローマ＝カトリックとギリシア正教会に分裂すると、ビザンツ帝国は西方への影響力を失う。さらにセルジューク朝の小アジア進出が加速し、東西で後退を余儀なくされた。

豆知識　関東武士の動き

平忠常の乱を平定したことで、源頼信・頼義父子が関東での地盤を固めた。源氏の勢力が関東に進出し、在地の武士団との結びつきを強めていった。

歴史の現場

前九年の役において最後の激戦地となった岩手県の厨川柵。

豆知識　摂関政治の終焉

藤原頼通は後一条《ごいちじょう》、後朱雀《ごすざく》、後冷泉《ごれいぜい》3代の天皇のもとで摂政・関白を務め、3人の娘を後宮に送り込んだが、ついに子をなすことはなかった。

結局、後冷泉天皇の後継者は、藤原氏と外戚関係にない後三条天皇となる。後三条天皇の即位とともに、頼通は関白職を弟の教通《のりみち》に与えて引退し、平等院に籠ってしまった。摂関政治は終焉を迎え、以後、院政の時代へと移っていく。

日本のできごと

1031年（長元4）
▼源頼信《よりのぶ》、平忠常降伏を奏上する。

1045年（寛徳2）
▼寛徳《かんとく》荘園整理令が出され、前任国司後の荘園が停止される。

1051年（永承6）
▼**前九年の役が始まる。**（POINT 1）

1052年（永承7）
▼この年から末法の世に突入するとされる。

1053年（天喜元）
▼平等院鳳凰堂が建立される。

1061年（康平4）
▼藤原頼通《よりみち》が太政大臣に就任する。

1062年（康平5）
▼源頼義が安倍貞任《さだとう》を討ち、前九年の役が終結する。

1068年（治暦4）
▼後三条《ごさんじょう》天皇が即位する。

1069年（延久元）
▼延久《えんきゅう》の荘園整理令が出される。

平安時代

世界のできごと

1031年
▼後ウマイヤ朝が滅亡する。

1035年
▼スペインでカスティリャ王国、アラゴン王国が独立する。

1038年
▼チベット系タングート族の李元《りげん》昊《こう》が西夏《せいか》を建国。

1044年
▼宋と西夏が慶暦《けいれき》の和約を結ぶ。
▼ミャンマーにパガン朝が興る。

1054年
▼**キリスト教会が、ローマ・カトリック教会とギリシア正教会に分裂する。**（POINT 2）

1055年
▼セルジューク朝のトゥグリル・ベクがバグダードに入城。スルタンの称号を得る。

1066年
▼**ノルマンディー公ウィリアム（ギヨーム）がヘイスティングスの戦いで勝利し、イングランドにノルマン朝を開く。**（POINT 3）

1069年
▼宋で、王安石《おうあんせき》の改革が始まる。

豆知識　王安石の改革

官僚組織の肥大化と放漫財政によって財政難に陥り始めた宋において、神宗《しんそう》に登用された王安石は、新法とよばれる改革を断行する。

右の諸政策によって中間層を育成し、経済の活発化を図った。

青苗法	零細農民に国が低利で種もみを貸し付ける。
市易法	中小商人の物資の売れ残りを政府が買い上げ、これを抵当に融資を行う。
募役法	国への労役義務の代わりに保有財産に応じて銭納させ、その収入で労役者を国が雇う。
保甲法	常備軍を補完する民兵と郷村制の再編を企図する軍事改革法。

歴史の現場

パガン朝の本拠地として仏教文化が花開いたパガン。

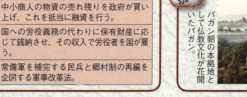

3ポイントでわかる！ 11世紀中期の世界
(1031～1070年)

POINT 3 1066年 イングランドにノルマン朝成立

1066年、イングランド王国デーン朝のハロルド２世が上陸したノルウェー王と戦う隙をついて、ノルマンディー公ギョームがイングランド南部に上陸。ノルウェー軍を破って急行してきたハロルド２世をヘイスティングスで撃破し、イングランドを征服した。

結果としてイングランドにノルマン朝が成立するとともに、イングランド王は国王でありながら、フランス国王の臣下ノルマンディー公であるという関係が生まれる。

POINT 2 1054年 東西教会の分裂

首位権をめぐる争いや、聖像崇拝論争などをめぐり、たびたび対立してきたコンスタンティノープル教会とローマ教会の間で、コンスタンティノープルを訪れていた枢機卿《すうききょう》フンベルトが同地の総主教ミハイル１世の非礼に怒り、破門状を叩きつけるという事件が起こる。

コンスタンティノープル教会側もフンベルトとその一行を破門。これにより、キリスト教会が、ローマ教皇を首長とするカトリック教会（西方教会）と、東方のギリシア正教会とに二分された。

POINT 1 1051年 前九年の役

仏教では釈迦の没後、次第にその教えが衰え、戦乱の世になるという末法思想があった。日本ではその年が1052年に当たるとされ、人々の厭世《えんせい》観を誘っていた。

そうしたなかで1051年、陸奥の俘囚《ふしゅう》の長・安倍頼良《よりよし》（のち頼《より》時）の反乱を契機に前九年の役が勃発。朝廷は源頼義・義家父子に鎮圧を命じた。安倍頼時の戦死後も息子の貞任・宗任《むねとう》、藤原経《つね》清《きよ》らが抵抗を続けたため、頼義は出羽の豪族・清原氏の助けを得て1062年にようやく鎮圧した。

11世紀 後期 1071〜1100年

どんな時代だった?

白河上皇が院政を開始した頃、第1回十字軍がエルサレムを占領！

藤原氏を外戚としない後三条天皇は、1072年に白《しら》河《かわ》天皇に譲位して院政《いんせい》の先鞭《せんべん》をつけた。一方東北では、藤原清衡《きよひら》が平泉《ひらいずみ》を拠点として覇権を確立した。

ギリシア正教と袂《たもと》を分かったカトリック教会では、教皇が聖職者の叙任権《じょにんけん》をめぐって神聖ローマ皇帝と対立。グレゴリウス7世が皇帝ハインリヒ4世を破門し、皇帝が屈服する事件（カノッサの屈辱）が起こった。一方、ビザンツ帝国はセルジューク朝の圧迫を受けてローマ教皇に救援を要請。教皇ウルバヌス2世がこれに応えて十字軍を招集する。

日本のできごと

1072年（延久4）
▼後三条天皇が譲位し、白河天皇が即位する。

1073年（延久5）
▼後三条上皇、院蔵人所《いんのくろうどどころ》を設置。

1083年（永保3）
▼後三年《ごさんねん》の役《えき》が始まる。

POINT 2
1086年（応徳3）
▼**堀河《ほりかわ》天皇が即位。白河上皇の院政が始まる。**

1090年（寛治4）
▼白河上皇、熊野《くまの》に参詣する。
▼熊野信仰が盛んになる。
▼北面《ほくめん》の武士が置かれる。

1091年（寛治5）
▼源義家への荘園寄進が禁じられる。

1094年（寛治8）
▼藤原伊房《これふさ》ら、遼との私貿易で処罰される。

1095年（嘉保2）
▼延暦《えんりゃく》寺《じ》僧徒が入京し強訴《ごうそ》する。

1098年（承徳2）
▼源義家、昇殿を許可される。

平安時代

世界のできごと

POINT 1
1077年
▼**ハインリヒ4世が破門の解除を求め、グレゴリウス7世に謝罪する（カノッサの屈辱）。**

1084年
▼司馬光《しばこう》による歴史書『資治通鑑《しじつがん》』全294巻が完成する。

1085年
▼イングランド王ウィリアム1世が土地台帳「ドゥームズデイ・ブック」を作らせる。

1086年
▼宋で、司馬光が宰相となる。

1088年
▼イタリアに世界最古の大学、ボローニャ大学が創立される。

1094年
▼エル・シド、バレンシアを征服。

POINT 3
1095年
▼**ローマ教皇ウルバヌス2世がクレルモン公会議で十字軍派遣を決議。**

1099年
▼第1回十字軍によりエルサレムが陥落。

豆知識 不良僧のたまり場だった延暦寺

当時の延暦寺や興福寺は、出家した貴族の子弟が出世を争う状況にあり、政治にも干渉して堕落していた。高位の要職も実力ではなく、世俗社会の門閥によって占められていたのである。寺院は寺領を守るために僧兵を組織して仏門同士での争いを始めていた。

用語解説 院政

院政は譲位した上皇あるいは法皇が、院庁において国政を司る政治形態で、院宣・院庁下文などの文書を発給して行政機構を動かした。1090年に置かれた北面の武士を軍事的後ろ盾とし、武家の台頭を招くきっかけとなった。

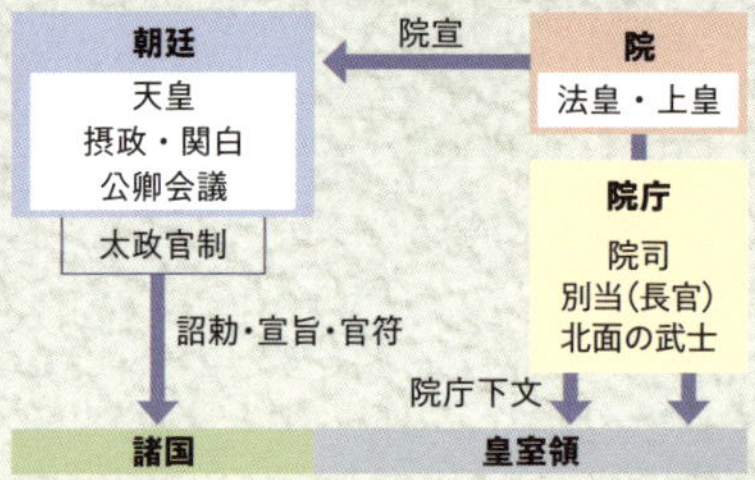

朝廷
天皇
摂政・関白
公卿会議
太政官制
院宣
院
法皇・上皇
院庁
院司
別当(長官)
北面の武士
詔勅・宣旨・官符
院庁下文
諸国
皇室領

歴史の現場

十字軍が目指した聖地エルサレム。

この人物が凄い！ エル・シド（1043／1045〜1099年）

レコンキスタの英雄エル・シドの本名はロドリゴ・ディアス・デ・ビバールといい、エル・シドはアラビア語で「わが殿」を意味するあだ名。これが意味するように、実は一時期イスラーム側の傭兵隊長としてキリスト教徒と戦っていた時期がある。

これは時のカスティリャ王アルフォンソ6世と確執が生じたため。その後、イスラーム勢力が北アフリカから援軍を呼び込むと、アルフォンソ6世がエル・シドに救援を請うたため、エル・シドはキリスト教側に復帰。バレンシア攻略などの功績を挙げた。

3ポイントでわかる！

11世紀後期の世界
（1071～1100年）

POINT 1　1077年
カノッサの屈辱と叙任権闘争

カノッサの屈辱は、11～12世紀にかけて起こった聖職者の叙任権をめぐる教皇と神聖ローマ皇帝の争いの一環である。神聖ローマ帝国内では皇帝が司教の任命権を握っていたため、教皇選出に影響力をもつに至った。そうしたなか教皇グレゴリウス7世は、教会に叙任権を取り戻そうとし、反発する皇帝ハインリヒ4世を破門した。ドイツ国内での立場が危うくなった皇帝は、北イタリアのカノッサに赴き、雪中に許しを求めて教皇に謝罪した。これがカノッサの屈辱である。

だが国内を固めたハインリヒ4世は教皇に対して反撃。ローマを追われた教皇は1085年、イタリア南部のサレルノで客死した。

POINT 2　1086年
白河院政始まる

1086年に退位した白河上皇は、幼少の堀河天皇の後見となって院政を開始する。白河上皇の院政が従来の摂関政治に代わることとなり、これが院政の始まりとされている。

POINT 3　1095年
十字軍の編成

1095年、クレルモン公会議にて教皇ウルバヌス2世は、「神がそれを望みたもう」として対イスラーム遠征を説き、7世紀以来イスラーム勢力の支配下にあるエルサレム奪還を目指す十字軍を提唱した。

これには、ジハードを利用してセルジューク朝がキリスト教圏を侵略し続けたこと（ルーム＝セルジューク朝の成立はその一例）、イスラームの侵略主義と言う本質が十字軍派遣の口実になっている。その一方で、教皇には叙任闘争で揺らいでいた権威を固める、諸侯には東方に領土を固めるといった思惑も働いていた。

どんな時代だった？

中尊寺金色堂が建てられた頃、両シチリア王国が建国される！

奥州藤原氏は1124年に中尊寺金色堂《ちゅうそんじこんじきどう》を完成させるなど、東北に華やかな浄土文化を育んだ。以後、清衡・基衡《もとひら》・秀衡《ひでひら》の3代にわたって繁栄の時代を迎える。中央では、白河・鳥羽《とば》2代の院政下で伊勢平氏《いせへいし》が台頭。1120年頃、平忠盛《ただもり》が昇殿を許された。

中国では女真族の完顔阿骨打《ワンヤンアクダ》が金《きん》を建国する。金は1125年には宋と結んで遼を滅亡させたが、金の力を恐れた宋が遼と再び結んで金を攻撃しようとしたため、先手を打って宋を攻撃し、華北を支配下に収めた。宋は皇族の一部が長江の南へ逃れて南宋を立てた。

この人物が凄い！ 藤原清衡《ふじわらのきよひら》（1056〜1128年）

前九年の役で敗死した藤原経清を父とするも、母が清原武貞《たけさだ》に嫁いだため、清原一族として育った。後三年の役では源義家の力を利用して清原氏の内紛を制すると、姓を元の藤原へと戻して奥六郡および山北《せんぽく》三郡に支配を確立。平泉を本拠として奥州藤原氏の基礎を築いた。中尊寺金色堂を開いたのも、清衡である。

豆知識 金色堂のミイラ

中尊寺金色堂の内陣で中核となるのが、阿弥陀三尊を中心に六地蔵尊、二天王像が並ぶ須弥壇《しゅみだん》である。この須弥壇の下には、金箔押しの木筒が置かれ、奥州藤原氏3代清衡・基衡・秀衡のミイラが安置されていた。さらに4代泰衡《やすひら》の首を納めたという首桶が発見されている。そのため、金色堂は、藤原氏の廟《びょう》としての性格をもつものとされている。

日本のできごと

1107年（嘉承2）
▼堀河天皇が没し、鳥羽天皇が即位する。

1108年（天仁元）
▼平正盛《まさもり》、出雲で反乱を起こした源義親《よしちか》を討つ。

1116年（永久4）
▼宋の牒状《ちょうじょう》が到来する。

1119年（元永2）
▼平正盛、鎮西の賊徒を討ち、従四位下《じゅしいのげ》に叙せられる。

1121年（保安2）
▼藤原忠通《ただみち》、関白に就任。

1123年（保安4）
▼鳥羽天皇が譲位し、崇徳《すとく》天皇が即位する。

1124年（天治元）
POINT 1
▼**藤原清衡により、平泉に中尊寺金色堂が建立される。**

1129年（大治4）
▼鳥羽法皇が院政を始める。
▼平忠盛、瀬戸内海の海賊を追討する。

平安時代

世界のできごと

1113年
▼アンコール朝でスールヤヴァルマン2世が即位する。

1115年
▼完顔阿骨打が金を建国する。
▼この頃、イタリアにコムーネが誕生する。

1119年
▼フランスの騎士がテンプル騎士団を創設（後年、ローマ教会が認可）。

1122年
▼ヴォルムスの宗教和議が結ばれ、聖職叙任権問題が一時解決する。

1125年
▼金が遼を滅亡させる。

1126年
POINT 2
▼**靖康《せいこう》の変が勃発。翌年、金が北宋を滅亡させ、宋の皇族らを北方へ連れ去る。**

1127年
▼高宗《こうそう》が南宋《なんそう》を建国する。
▼シリアでザンギー朝が自立する。

1130年
POINT 3
▼**両シチリア王国が建国される。**
▼モロッコにムワッヒド朝が成立。

歴史の現場

ビザンツとノルマン、イスラームの文化が混交する文化が花開いたシチリア島のパレルモ。

豆知識 ヴォルムスの和議

ヴォルムスの宗教和議（ヴォルムス協約）では、叙任権を教皇が、ドイツの教会・修道院の領地承認権を皇帝が持つ形で協約が結ばれた。

豆知識 イタリアの繁栄とコムーネ

12世紀のイタリア北部・中部では、イタリアを統一しようとする大きな権力がなかったため、交易で財を蓄えたフィレンツェなどの都市が、領主から自治権を確立して自治都市が成立する。これをコムーネとよび、市政は市民自身で運営され、周辺の農村地域も領域に加えて、都市共和国を形成した。

3 ポイントでわかる!

12世紀前期の世界
(1101〜1130年)

POINT 1

1124年
金色堂の建立と奥州藤原氏の繁栄

後三年の役において事実上の勝者となった藤原清衡は、平泉を拠点に奥州を支配下に置く。平泉では戦役の戦死者の供養と浄土世界の現出を目指した都市づくりが行われ、1124年には中尊寺金色堂が建立された。

以後、奥州藤原氏は４代100年の繁栄を謳歌する。

POINT 2

1126〜1127年
靖康の変

金と協力して遼を滅ぼした宋であったが、金の強大化を恐れて遼の残党と通じ、金の内紛を利用してその弱体化を狙う。

これを知った金は1126年に開封《かいほう》を占領。翌年に徽宗《きそう》・欽宗《きんそう》と皇族・貴族を捕らえて北方へ連れ去ってしまった。これにより華北は金の領土となり、北宋は滅亡した。

POINT 3

1130年
両シチリア王国

シチリア島はビザンツ帝国の支配ののち、中世にアラブ人勢力に占領されていたが、11世紀にフランス系ノルマン人のルッジェーロ１世らに征服された。

ルッジェーロ１世の子ルッジェーロ２世は、シチリア島に加えてイタリア半島南半のナポリ王国を合わせ、1130年に両シチリア王国を成立させる。

宗教的に寛容な政策を取り、首都パレルモではノルマン・ビザンツに加え、イスラームが共存する独自の文化が栄えた。

5分でわかる！ 戦い方の5000年史

オリエント世界において農耕が始まって以降、豊かさを求めて始まった「戦い」は、世界各地で行われるようになり、やがてそれは集落単位の争いから国と国への戦争へと規模を拡大させていった。

世界の歴史は「戦い」の歴史でもある。戦いの存在は、敵より少しでも優位に立つべく、剣や弓、鉄砲、甲冑といった武器・防具の開発を促し、さらに戦術や戦略・軍制の研究を求め、それぞれに進化を遂げてきた。

これらの進化・発展の成就者が「戦い」の勝者となり、歴史の紡ぎ手となってきた。

鼻当ての伸びたヘルメット。角があるタイプは存在せず、後世のステレオタイプである。
チェイン・メイルは丈が長くなっている。

ヴァイキング（8～9世紀）
8世紀以降、ヨーロッパ沿岸部を盛んに略奪したヴァイキング。丈の長いチェイン・メイルをまとい、鼻当ての伸びた兜が特徴。

銅鎧はトラクスとよばれる。
ホプロンとよばれる直径1mほどの円形の大楯。自分のみならず、左隣の兵士の右半面も守る。

アテネ重装歩兵
（紀元前8世紀）
右手に槍、左手に大楯を持った重装歩兵が密集隊形「ファランクス」を組み、敵に向かって前進し押し込んでいく戦術をとる。

最終的には、兜とホプロン、そして赤い肌着だけになったという。

スパルタ歩兵
（紀元前5世紀頃）
陸軍大国として強勢を誇ったスパルタ兵は、当初重装の鎧を身につけていたが、機動性が重視されるようになるにつれて軽装になったとされる。

「ロリカ・ムスクラ」とよばれる筋肉の象眼をほどこした胸甲。帝政期には金属の板片を組み合わせた「ロリカ・セグメンタータ」が主流となる。
グラディウスとよばれる諸刃の刀剣。百人隊長は左腰に差すしきたりであった。

ローマ百人隊長
（共和政～帝政前期）
ローマ軍はケントゥリオ（百人隊）を軍団の最小部隊単位とし、ケントゥリオは百人隊長によって率いられていた。軍団は1レギオとよばれ、帝政期で59人の百人隊長が所属していた。

兜は「グレイト・ヘルム」とよばれるバケツ型の兜。頭頂部が平らなものは打撃をまともに受けると失神する可能性も高い。また、視界も通気も悪く、戦いには支障が大きかった。
チェイン・メイルが主流。その上に布地をかぶせて日差しの反射を防いでいる。

中世騎士
（十字軍／13世紀）
エルサレム奪回のために中東へ遠征した十字軍の騎士。騎兵による突撃が騎士の花形であり、主要な戦術であった。

頬当
腹当

足軽（15～16世紀）
15世紀の応仁の乱で盛んに活用された軽輩の武士。当初は放火や略奪など後方攪乱に用いられていたが、戦国時代に入ると、集団戦の駒として戦う雑兵となった。

馬に乗ると膝まですっぽり鎧で覆われるようになる。
中世の武士は騎乗に適した大鎧をまとっていた。

日本武士
（9～15世紀）
9世紀頃の日本に登場した、戦うことを職能とする階級。弓射を主要戦術とし、一騎打ちを戦いの花形と位置付けていた。

中央アジア遊牧民
（マジャール人／11世紀）
ゲルマン民族の大移動の原因となったフン族は、弓と投げ槍を用いたという。

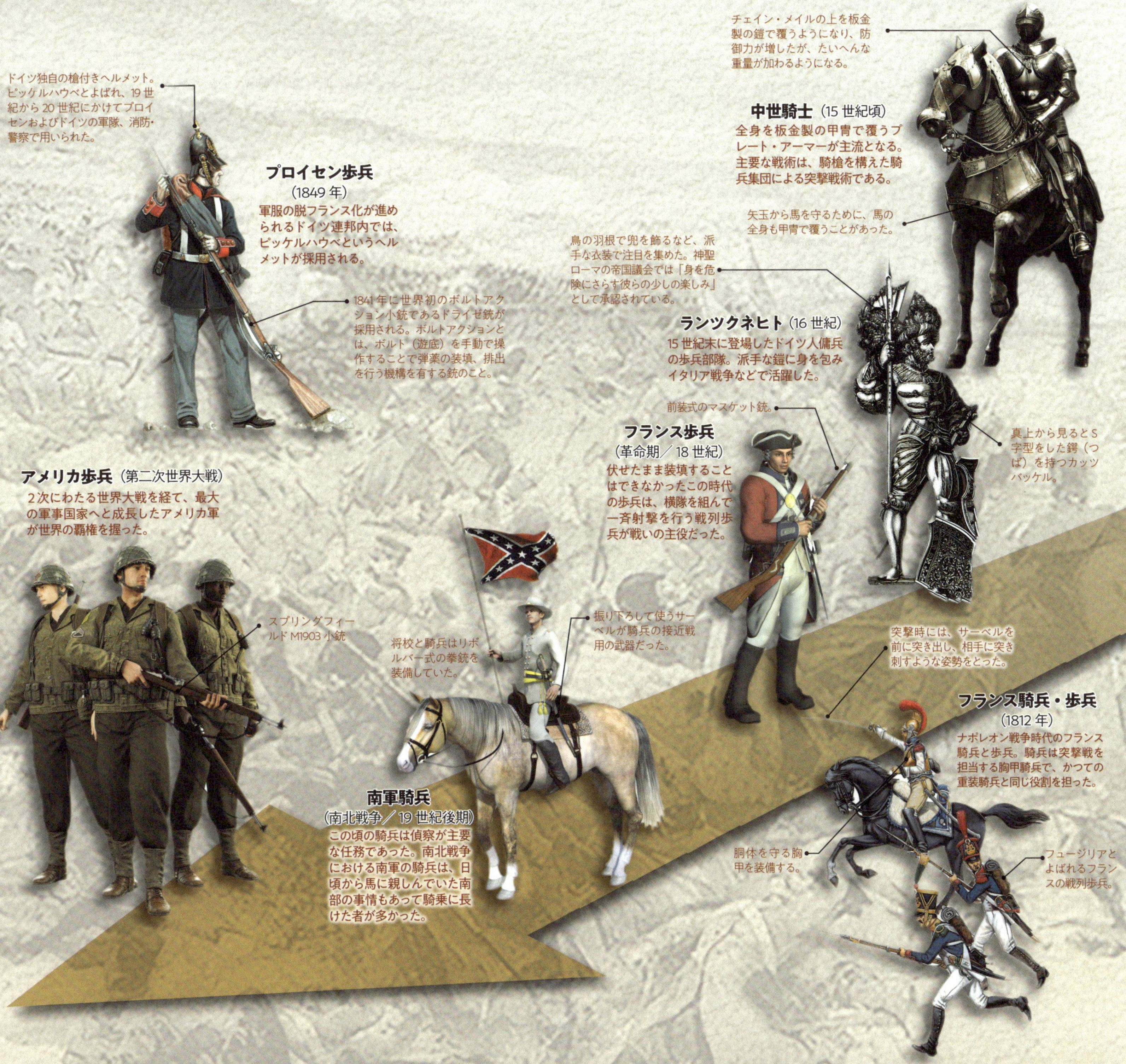

チェイン・メイルの上を板金製の鎧で覆うようになり、防御力が増したが、たいへんな重量が加わるようになる。

中世騎士（15 世紀頃）

全身を板金製の甲冑で覆うプレート・アーマーが主流となる。主要な戦術は、騎槍を構えた騎兵集団による突撃戦術である。

矢玉から馬を守るために、馬の全身も甲冑で覆うことがあった。

鳥の羽根で兜を飾るなど、派手な衣装で注目を集めた。神聖ローマの帝国議会では「身を危険にさらす彼らの少しの楽しみ」として承認されている。

ランツクネヒト（16 世紀）

15 世紀末に登場したドイツ人傭兵の歩兵部隊。派手な鎧に身を包みイタリア戦争などで活躍した。

真上から見るとS字型をした鍔（つば）を持つカッツバッケル。

前装式のマスケット銃。

フランス歩兵

（革命期／ 18 世紀）

伏せたまま装填することはできなかったこの時代の歩兵は、横隊を組んで一斉射撃を行う戦列歩兵が戦いの主役だった。

突撃時には、サーベルを前に突き出し、相手に突き刺すような姿勢をとった。

フランス騎兵・歩兵

（1812 年）

ナポレオン戦争時代のフランス騎兵と歩兵。騎兵は突撃戦を担当する胸甲騎兵で、かつての重装騎兵と同じ役割を担った。

胴体を守る胸甲を装備する。

フュージリアとよばれるフランスの戦列歩兵。

プロイセン歩兵

（1849 年）

軍服の脱フランス化が進められるドイツ連邦内では、ピッケルハウベというヘルメットが採用される。

ドイツ独自の槍付きヘルメット。ピッケルハウベとよばれ、19 世紀から 20 世紀にかけてプロイセンおよびドイツの軍隊、消防・警察で用いられた。

1841 年に世界初のボルトアクション小銃であるドライゼ銃が採用される。ボルトアクションとは、ボルト（遊底）を手動で操作することで弾薬の装填、排出を行う機構を有する銃のこと。

南軍騎兵

（南北戦争／ 19 世紀後期）

この頃の騎兵は偵察が主要な任務であった。南北戦争における南軍の騎兵は、日頃から馬に親しんでいた南部の事情もあって騎乗に長けた者が多かった。

将校と騎兵はリボルバー式の拳銃を装備していた。

振り下ろして使うサーベルが騎兵の接近戦用の武器だった。

アメリカ歩兵（第二次世界大戦）

2 次にわたる世界大戦を経て、最大の軍事国家へと成長したアメリカ軍が世界の覇権を握った。

スプリングフィールド M1903 小銃

第2章 武士と騎士が歴史を作った封建社会

12世紀、日本において武家政権が誕生すると、封建社会が成立する。一方ヨーロッパでは東方貿易と新大陸貿易によって富を蓄積させるなか、科学を発展させたヨーロッパの大国が世界進出を開始。世界はひとつにつながり始める。

東アジア・中国

13世紀初頭、中国北方のモンゴル高原をモンゴル民族が統一。チンギス＝ハンの一族に率いられたモンゴル帝国は、ユーラシア大陸にまたがる空前の大帝国を築くに至る。シルクロードを介して東西が結ばれたことにより、東西交易が活発化した。モンゴル帝国は14世紀のペストの流行によって弱体化し、14世紀中期、明《みん》によって北方へと追われる。

主な出来事

- ●1206年―― チンギス＝ハンがモンゴル高原を統一する。
- ●1279年―― 元が南宋を滅ぼす。
- ●1368年―― 朱元璋が元を滅ぼし、明を建国。
- ●1399年―― 明で燕王朱棣が挙兵（靖難の変）。

日本

1185年、鎌倉幕府の成立によって日本の統治は武士階層の手に委ねられるようになる。鎌倉幕府は２度にわたる元寇によって弱体化が進み、14世紀に一時、後醍醐天皇が政権を担当するも、南北朝の争乱のなかで結局は武家による統治が続いた。だが、武家同士の領地争いは慢性的な問題として残り続け、15世紀、関東での争乱と、応仁の乱により全国規模で断続的に騒乱が続く戦国時代へと突入する。

主な出来事

- ●1185年―― 源頼朝が諸国に守護・地頭を設置する。
- ●1221年―― 後鳥羽上皇が承久の乱を起こす。
- ●1333年―― 鎌倉幕府が滅亡。建武の新政が始まる。
- ●1467年―― 応仁の乱が勃発する。

ヨーロッパ

キリスト教社会のなかで絶大な発言力を誇ってきた教皇の権威は、王権の伸長とともに揺らぎ始める。そうしたなか、カペー朝が断絶したフランスと、その王位を要求するイングランドとの間に百年戦争が勃発した。さらに1347年にはペストが上陸し、ヨーロッパの人口の3分の1が命を落とすという惨禍に見舞われたヨーロッパ社会であったが、その後、十字軍遠征と東方貿易で蓄えた富によりルネサンスが開花する。また、イベリア半島ではスペインとポルトガルがレコンキスタを完遂させ、世界の海へ乗り出していった。

主な出来事

- ●1339年――英仏百年戦争が始まる。
- ●1492年――スペインがグラナダを占領してナスル朝を滅ぼし、レコンキスタが終結する。
- ●1492年――コロンブスが新大陸に到達。
- ●1517年――ルター、「九十五カ条の論題」を掲示。宗教改革が始まる。

アメリカ

アメリカ大陸では中米ユカタン半島にマヤ文明、南米アンデス山脈にインカ文明が繁栄。さらに15世紀前期には、現在のメキシコシティを中心にアステカ帝国が成立していた。そこへコロンブスによる新大陸の到達以降、同地の経営に注力するスペインが進出し、アステカ、インカ両帝国を滅ぼしてしまう。1545年にはポトシ銀山が発見され、スペインはインディオを酷使して銀の大量採掘を始めた。

主な出来事

- ●1428年――この頃、中南米にアステカ帝国が成立する。
- ●1521年――スペイン人コルテスがアステカ帝国を征服する。
- ●1533年――ピサロがインカ帝国を征服する。
- ●1545年――ポトシ銀山が発見される。

西アジア

諸王朝が分立するイスラーム世界は、11世紀以降、十字軍の侵略に晒《さら》されていたが、アイユーブ朝のサラディンが第3回十字軍を撃退して以降、徐々に反攻に転じ、途中、モンゴル軍の侵入やアイユーブ朝の滅亡を経ながらも、1291年にアッコンを奪還して十字軍遠征を失敗へと追い込んだ。14世紀後半までには、小アジアにオスマン、中央アジアにティムールの二大帝国が成立。両者はアンカラの戦いで激突する。敗れたオスマンであったが、その後勢力を回復し、1453年、コンスタンティノープルを陥落させ交通の要衝を押さえることとなる。

主な出来事

- ●1169年――サラディンがアイユーブ朝を創始する。
- ●1291年――アッコンが陥落し、十字軍遠征が終わる。
- ●1402年――ティムール朝が、オスマン帝国のバヤジット1世をアンカラの戦いで破る。
- ●1453年――オスマン帝国がコンスタンティノープルを占領し、ビザンツ帝国を滅ぼす。

どんな時代だった?

平家一門が隆盛を極めた頃、西ヨーロッパにアンジュー帝国が誕生!

院政下で力をつけた平氏と源氏。ふたつの武門の棟《とう》梁《りょう》が、天皇家・摂関家の権力闘争に加わって保元《ほうげん》の乱と平治《へいじ》の乱で衝突する。両戦乱の勝者となった平清盛《たいらのきよもり》は、太政大臣に就任して独裁的権力を振るった。

金《きん》と南宋《なんそう》に二分された中国では1141年、秦檜《しんかい》の尽力によって和議が結ばれ、共存の道を歩み始めた。

ヨーロッパでは広大な領土を相続していた元ルイ7世の妃アリエノール・ダキテーヌが、アンジュー伯アンリと結婚。その後アンリがイングランド王に即位したため、広大な領土をもつアンジュー帝国が形成された。

日本のできごと

1132年（天承2）
▼平忠盛《ただもり》、内昇殿《ないしょうでん》を許される。

1135年（保延元）
▼平忠盛、捕らえた海賊を引き入れて入京。追捕《ついぶ》の功により、子の清盛が従四位下《じゅしいのげ》となる。

1141年（永治元）
▼崇徳《すとく》天皇が譲位し、近衛《このえ》天皇が即位する。

1155年（久寿2）
▼近衛天皇が没し、後白河《ごしらかわ》天皇が即位する。

1156年（保元元）
▼**保元の乱**が勃発する。

1158年（保元3）
▼二条《にじょう》天皇が即位し、後白河上皇の院政が始まる。

1159年（平治元）
▼平治の乱が起こる。

1160年（永暦元）
▼源義朝《よしとも》が尾張《おわり》で謀殺され、源頼朝《よりとも》が伊豆に配流される。

1167年（仁安2）
▼**平清盛、太政大臣に就任する。**（POINT 3）

平安時代

世界のできごと

1132年
▼中央アジアで耶律大石《やりつたいせき》が西遼《せいりょう》（カラ＝キタイ）を建国する。

1141年
▼**南宋で岳飛《がくひ》が処刑され、金との間に紹興《しょうこう》の和議が結ばれる。**（POINT 1）

1143年
▼リューベックが建設される。
▼ポルトガル王国がカスティリャ王国から独立する。

1147年
▼第2回十字軍が出発する。

1152年
▼ルイ7世妃アリエノール・ダキテーヌが、アンジュー伯アンリ・ドゥ・プランタジュネと再婚する。

1154年
▼**アンジュー伯アンリ（ヘンリ2世）がイングランド王となり、プランタジネット朝を開く（アンジュー帝国の形成）。**（POINT 2）

1167年
▼ロンバルディア同盟が成立。

1169年
▼サラディンがエジプトにアイユーブ朝を創始する。

豆知識 日宋貿易

平清盛は、大輪田泊《おおわだのとまり》（現在の神戸港）の修築を行い、日宋貿易を盛んにした。日本から金や蒔絵《まきえ》・日本刀などが輸出される一方、香料・絹織物・陶磁器・書物・文房具・宋銭などが輸入された。なかでも宋銭は平家が流通の元締めとなることで、その重要な財源となった。

用語解説 保元《ほうげん》の乱《らん》

天皇家・摂関家内部の権力抗争がもととなり京都で起こった内乱。1155年、後白河天皇が即位すると、実子の重仁《しげひと》親王の即位を主張する崇徳上皇と、後白河天皇を推す鳥羽法皇妃美福門院、関白藤原忠通《ただみち》、藤原通憲《みちのり》らの対立が表面化する。

さらに摂関家内部でも氏長者で左大臣の藤原頼長と関白忠通との対立が進み、頼長が崇徳上皇と結び、政界を二分する情勢となった。鳥羽法皇の死を機に武力衝突が起こり、後白河天皇方が勝利した。

豆知識 英仏を翻弄した王妃

カペー朝のフランス国王ルイ7世は、フランス南西部の広大なアキテーヌ公領を相続したアリエノール・ダキテーヌと結婚した。しかし、第2回十字軍遠征の際に王妃が不倫し、離婚する。

するとアリエノールは、アンジュー伯アンリ・ドゥ・プランタジュネと再婚。アンリが2年後にイングランド王となったことで、イングランドは広大な領土を手に入れることとなる。

豆知識 ハンザ同盟

リューベックはのちの1358年に結成された都市同盟「ハンザ同盟」の盟主となる。共通の通貨や度量衡、取引法を定めて海軍をもち、16世紀にかけてバルト海・北海一帯を制圧した。

リューベックのホルステン門。

12世紀中期（1131 ～ 1170 年）

勢力の拡大
北海
イングランド王国
リューベック
ポーランド王国
キエフ公国
キエフ
神聖ローマ帝国
弱体化を狙う
フランス王国
ヴェネツィア
ハンガリー王国
キリスト教諸国
ローマ教会
レコンキスタ
両シチリア王国
グラナダ
黒海
コンスタンティノープル
カスピ海
ビザンツ帝国
ルーム＝セルジューク朝
ホラズム＝シャー朝
圧迫
大西洋
地中海
ムワッヒド朝
ザンギー朝
バグダード
セルジューク朝
エルサレム奪還を狙う
ファーティマ朝
バグダード・カリフ領（アッバース朝）
アラビア半島
アラビア海
ザンギー朝から派遣され宰相の職にあったサラディンが1169年、ファーティマ朝を倒し、アイユーブ朝を建てる
イタリア政策
10 ～ 13世紀にかけて教皇と教皇領の保護を名目に、神聖ローマ皇帝が行ったイタリアへの干渉
1132年、建国
西遼（カラ＝キタイ）
モンゴル
西夏
金
1141年 紹興の和議
高麗
日本
南宋
日宋貿易が本格化
ヒマラヤ山脈
ゴール朝
パーラ朝
大理
パガン朝
李朝大越国
ヒンドゥー諸王朝
アンコール朝
占城
シンハラ
太平洋

POINT 2　1154年　プランタジネット朝の成立とアンジュー帝国

アンジュー伯でプランタジネット家の当主アンリが、イングランド王の相続権を受け継ぎ、ヘンリ2世となって、プランタジネット朝を立ち上げた。

アンジュー伯家に加え、妻・アリエノールのアキテーヌ侯家も広大な領地を持つ貴族であったため、イングランドとフランスの西半分以上を領有するアンジュー帝国が出現した。以後、フランス王家は西半分の奪回に躍起になっていく。

POINT 1　1141年　紹興の和議

南宋の宰相・秦檜《しんかい》の主導によって締結された紹興の和議により、金・南宋両国の国境線が定められ、南宋建国以来の対立が解消された。南宋は旧都開封を含む淮河《わいが》以北を放棄するとともに、毎年、銀25万両と絹25万疋を金に贈ることが約束された。

POINT 3　1167年　平清盛の太政大臣就任と平氏政権

保元の乱において、天皇方の勝利に貢献した平清盛は、後白河天皇の寵臣・藤原通憲（信西《しんぜい》）と結んで権勢を誇った。一方、戦功の薄かった源義朝は藤原信頼《のぶより》と組み、清盛の熊野参詣中に挙兵して清盛と通憲の打倒をはかった。義朝と信頼は上皇を幽閉し通憲を殺害したが、帰京した清盛によって鎮圧され、義朝・信頼ともに敗死。平氏の全盛がもたらされた。

12世紀 後期 1171～1200年

どんな時代だった？

鎌倉幕府が成立した頃、イスラーム王朝がエルサレムを奪還した！

平家一門の天下が続くなか、1180年に以仁王《もちひとおう》の令旨《りょうじ》を受けた全国の源氏が源頼朝を旗頭に平家への反抗を開始。源義経《よしつね》の活躍もあって、1185年に平家を壇ノ浦《だんのうら》にて滅亡させる。頼朝は全国に守護《しゅご》・地頭《じとう》を設置すると、1192年に、征夷大将軍に任ぜられた。

この頃のイスラーム世界では、アイユーブ朝を開いたサラディンのもと、十字軍への反撃が本格化していた。サラディンは1187年にエルサレムを奪還すると、リチャード1世らに率いられる第3回十字軍を撃退し、イスラーム世界を守り抜いた。

豆知識　鎌倉仏教

鎌倉時代の仏教は、浄土宗などの新仏教が流行したと見られがちであるが、あくまで主流派は従来の天台宗や真言宗および奈良仏教であった。

歴史の現場

平家が最後を迎えた壇ノ浦古戦場碑。平教経（のりつね）に追いすがられた源義経は、舟と舟の間を跳んで逃走したという。

歴史の舞台ウラ　鎌倉幕府の成立年はいつ？

鎌倉幕府の成立というと、源頼朝が征夷大将軍に任ぜられた1192年であり、「イイクニ作ろう」と覚えていたが、近年では、朝廷に迫って諸国に守護を、荘園や公領には地頭を任命する権利、および兵糧米《ひょうろうまい》を徴収する権利などを得た1185年が成立年とされるようになった。

日本のできごと

1175年（承安5）
▼法然《ほうねん》が浄土宗《じょうどしゅう》を開く。

1180年（治承4）
▼以仁王と源頼政《よりまさ》が平家打倒の兵を挙げる。
▼源頼朝が富士川《ふじがわ》の戦いで平維盛《これもり》を破る。

1183年（寿永2）
▼木曽義仲《きそよしなか》が倶利伽羅峠《くりからとうげ》の戦いで平家を破る。
▼平家一門、都落ちする。

1184年（寿永3）
▼源義経、宇治川《うじがわ》で木曽義仲を破る。

1185年（文治元） POINT 1
▼**源義経、壇ノ浦の戦いで平家を滅ぼす。**
▼源頼朝が諸国に守護・地頭を設置する。

1189年（文治5）
▼藤原泰衡《やすひら》が源義経を殺害。
▼源頼朝、奥州藤原氏を滅ぼす。

1191年（建久2）
▼栄西《えいさい》が中国から帰国。臨済宗《りんざいしゅう》をもたらす。

1192年（建久3）
▼源頼朝、征夷大将軍に就任。

平安時代

世界のできごと

1176年
▼神聖ローマ帝国（ホーエンシュタウフェン朝）の皇帝フリードリヒ1世（赤髭王《バルバロッサ》）、レニャーノの戦いに敗れる。

1179年
▼フランスで、フィリップ2世（尊厳王《オーギュスト》）が即位する。

1187年 POINT 2
▼**アイユーブ朝のサラディンがエルサレムを奪還する。**

1189年
▼イングランドでリチャード1世（獅子心王《ライオンハート》）が即位する。

1190年
▼リチャード1世、フィリップ2世、フリードリヒ1世を中心とする第3回十字軍が結成される。

1192年
▼リチャード1世がサラディンと休戦講和条約を結ぶ。

1198年 POINT 3
▼**インノケンティウス3世が教皇となる。**

1199年
▼リチャード1世が対フランス軍の陣中で没する。

豆知識　ロンバルディア同盟

フリードリヒ1世は、ミラノを中心とした北イタリアの諸都市が皇帝権力の干渉に反発して結成したロンバルディア同盟に敗れ、イタリアに支配を確立しようとするイタリア政策が挫折した。

豆知識　国にいなかったリチャード1世

ヘンリ2世を継いだリチャード1世は、即位の翌年には十字軍遠征に出発し、その後もフランスとの戦いに明け暮れたため、10年の在位期間中、国内にあったのはわずか6か月に過ぎなかった。

BOOKガイド　『ジハード』定金伸治

¥875（星海社）

第3回十字軍をテーマとする長編歴史小説。英王リチャード1世、仏王フィリップ2世らに率いられる十字軍を、英雄サラディンとその幕下に加わった西欧人の青年ヴァレリーが智謀を駆使して迎え撃つ。

3ポイントでわかる！ 12世紀後期（1171～1200年）

POINT 1　1185年　源平合戦の終結

保元の乱以降打ち続いた源平の争いは、1185年の壇ノ浦の戦いをもって終焉を迎える。

都落ちのあと復権を試みた平家は、一ノ谷《いちのたに》の戦い（1183年）、屋島《やしま》の戦い（1185年）で源氏方の源義経の作戦の前に連敗し、壇ノ浦においても、この義経の前に敗れて安徳《あんとく》天皇とともに一門が入水《じゅすい》し、滅亡した。

POINT 2　1187年　サラディン、エルサレムを奪還

1187年、アイユーブ朝の創始者サラディンが第1回十字軍の残留戦士が建てたエルサレム王国をヒッティーンの戦いで破り、エルサレムを奪還した。

これに対抗して、イングランド王リチャード1世、フランス王フィリップ2世、神聖ローマ皇帝フリードリヒ1世らのもとで第3回十字軍派遣が行われた。

POINT 3　1198年　インノケンティウス3世

37歳の若さで教皇となったインノケンティウス3世は、神聖ローマ皇帝の帝位争いに介入してフリードリヒ2世を帝位につけた。さらにフランス王フィリップ2世やイギリス王ジョンを破門して臣従させるなど、教皇権の優越を示し、教皇権の絶頂期をもたらした。

1215年のラテラン公（宗教）会議では、「教皇は太陽、皇帝は月」と演説し、教皇の至上性を主張した。

承久の乱が起こった頃、チンギス＝ハンがモンゴル高原を統一！

鎌倉幕府では、北条氏《ほうじょうし》の実権掌握が進む。1204年に2代頼家《よりいえ》が、1219年に3代実朝《さねとも》が殺害されて直系が絶えるなか、和田義盛《わだよしもり》ら有力御家人《ごけにん》を排斥し、幕府内での実権を固めた。さらに1221年には、承久《じょうきゅう》の乱で後鳥羽上皇《ごとばじょうこう》に勝利して全国支配をほぼ確実なものとした。

その頃、中国北方のモンゴル高原がチンギス＝ハンによって統一される。彼は各地に遠征を繰り返して1227年に西夏を滅ぼし、大帝国の礎《いしずえ》を築いた。ヨーロッパでは十字軍遠征が続く。第5回十字軍では、神聖ローマ皇帝フリードリヒ2世が交渉によってエルサレムを回復した。

日本のできごと

1204年（元久元）
▼鎌倉幕府2代将軍の源頼家が殺害される。

1205年（元久2）
▼北条時政《ほうじょうときまさ》が平賀朝雅《ひらがともまさ》の将軍擁立に失敗し出家（牧氏《まきし》の変）。北条義時《よしとき》が執権《しっけん》に就任する。

1213年（建暦3）
▼和田義盛が北条氏によって滅ぼされる（和田合戦）。

1219年（建保7）
▼源実朝が暗殺される。

1221年（承久3）
POINT 1
▼**後鳥羽上皇が承久の乱を起こす。**

1224年（元仁元）
▼親鸞《しんらん》が浄土真宗《じょうどしんしゅう》を開く。

1225年（嘉禄元）
▼幕府に連署《れんしょ》、評定衆《ひょうじょうしゅう》が設置される。

1226年（嘉禄2）
▼源頼朝の遠縁にあたる藤原頼《より》経《つね》が征夷大将軍に就任する。

鎌倉時代

世界のできごと

1204年
▼第4回十字軍がコンスタンティノープルを占領する。

1206年
▼チンギス＝ハンがモンゴル高原を統一する。
▼インドで奴隷《どれい》王朝が成立する。

1209年
▼アルビジョワ十字軍が興される。

1215年
▼イングランドでマグナ・カルタ（大憲章）が制定され、国王の権力が制限される。

1219年
▼チンギス＝ハンが大西征を開始。

1227年
POINT 2
▼**モンゴルにより西夏が滅亡する。**
▼西夏遠征途上でチンギス＝ハンが没する。

1229年
▼チンギス＝ハンの三子オゴタイがハンに即位する。
POINT 3
▼**第5回十字軍が交渉によってエルサレムを回復する。**

豆知識　執権政治

執権政治は、北条氏が幕政の実権を握った鎌倉幕府の政治体制。初代将軍源頼朝の死後、北条時政は娘の政子とともに実権の掌握を意図し、2代頼家の外祖父・比企能員《ひきよしかず》や和田義盛を滅ぼして侍所別当《べっとう》をも兼任して幕府の実権を握った。

執権政治の仕組み

将軍 — 得宗　北条氏嫡流の惣領家

- 執権
- 連署
- 評定衆

地頭職／守護職／奥州総奉行／鎮西探題／長門探題／六波羅探題／問注所／政所／引付衆／侍所

寄合：得宗・北条一族・一部の外様御家人・内管領などで構成される重要政務決定機関。

執権政治では集団指導制、合議制が基本であったが、次第に専制政治へと変質していった。

歴史の現場

源頼家が殺害された伊豆の修禅寺（しゅぜんじ）。

歴史の現場

フリードリヒ2世建設の城、カステル・デル・モンテ。世界遺産に登録されている。

歴史の舞台ウラ

マグナ・カルタは、対フランス戦に連敗し大陸の領土を失ったジョン欠地王に対し突き付けられたもの。63条から成り、課税に貴族の同意を必要とするなど、法による支配が明文化され、イギリス憲法の走りとなった。

歴史の舞台ウラ　悪名高い第4回十字軍

第4回十字軍は、海上輸送を担当するヴェネツィアが主導権を握り、聖地には向かわず、ビザンツ帝国の内紛の片棒を担いでコンスタンティノープルを占領。十字軍はこの地にラテン帝国を建てたため、ビザンツ帝国は一時滅亡する。本来の目的から逸脱した経済目的の十字軍となった。

3ポイントでわかる!

13世紀前期（1201～1230年）

POINT 1　1221年　承久の乱の発端と結果

鎌倉前期、公家政権の代表として院政を行う後鳥羽上皇は、３代将軍・源実朝を通して幕府を制御しようとしたがうまくいかず、倒幕を決意した。しかし、幕府が北条政子《まさこ》・義時を中心に集結したのに対し、後鳥羽上皇は在地の武士を組織できずに完敗を喫する。その結果、公家政権は勢力が削減されて、北条氏を中心とした幕府が公家政権全体の主導権を握り、京都には朝廷を監視する六波羅探題《ろくはらたんだい》が設置された。

POINT 2　1227年　西夏の滅亡

チベット系タングート族の李元昊《りげんこう》によって1038年に建国された西夏は、襄宗《じょうそう》の時代にモンゴル軍に首都を囲まれて和を請い、モンゴルと結んでいた。

だが、その後もモンゴルの徴発に苦しみ、1225年に金と結ぶと、ナイマン部を受け入れ、さらにモンゴルからの質子提出の要求を拒んだため、チンギス＝ハンの来寇を受け、首都興慶府《こうけいふ》を落とされて滅亡した。

POINT 3　1229年　フリードリヒ２世の十字軍

第５回十字軍は、神聖ローマ帝国のフリードリヒ２世によって率いられた。これまでの十字軍はイスラーム教徒への偏見から、破壊と略奪を行いながら聖都を目指すものであったが、フリードリヒ２世はシチリアで育ち、イスラーム文化にも理解が深かった。

彼はアイユーブ朝のスルタン、アル＝カーミルと交渉を行って10年間の和平を結び、戦うことなくエルサレムを奪還した。

13世紀 中期 1231〜1270年

どんな時代だった？

日蓮が法華宗を開いた頃、モンゴル帝国がユーラシア大陸を制覇した！

御成敗式目《ごせいばいしきもく》の制定（1232年）や引付衆《ひきつけしゅう》の設置（1249年）など、幕府が体制を整えるなか、1268年、モンゴル帝国皇帝フビライの国書を持つ高麗使《こうらいし》が渡来し朝貢を求めた。執権・北条時宗《ときむね》はこれを無視し、備えを固めた。フビライに至るまでのモンゴル帝国の拡大は目覚ましく、2代オゴタイが1234年に金を滅ぼすと、1236年にはバトゥが、1253年にはフラグがそれぞれ西征を行ってユーラシア大陸の大部分を手中に収めている。十字軍はフランスのルイ9世主導の下で2度にわたり行われたが、いずれもマムルーク朝の前に敗退した。

豆知識 御成敗式目は何を決めたものか？

北条泰時が中心となって数名の評定衆によって編纂された武家の基本法典である。51か条からなり、武家社会の慣習法に基づき、意図的に公家法の法理とは異なる規定を設けた条文が含まれている。

豆知識 鎌倉幕府の将軍

源氏の将軍が3代で断絶した後、鎌倉幕府には公家の九条《くじょう》家から2代にわたって将軍が迎えられ、6代目以降は皇族から親王が将軍に迎えられた。

豆知識 フビライの目的

フビライは6次にわたり日本へ使者を派遣した。武力行使をほのめかすなど恫喝《どうかつ》を含んだものであったが、本来の目的は日本との交易を行うことであった。

日本のできごと

1232年（貞永元）
▼**北条泰時《やすとき》が御成敗式目（貞《じょう》永《えい》式目）を制定する。**

1246年（寛元4）
▼北条時頼《ときより》が執権に就任する。

1247年（宝治元）
▼三浦泰村《みうらやすむら》が挙兵し、北条時頼に滅ぼされる（宝治合戦《ほうじかっせん》）。

1249年（建長元）
▼幕府が引付衆を設置する。

POINT 1
1253年（建長5）
▼**日蓮《にちれん》が法華宗《ほっけしゅう》を開く。**

1260年（文応元）
▼日蓮が『立正安国論《りっしょうあんこくろん》』を著す。

1268年（文永5）
▼北条時宗が執権に就任する。
▼フビライ＝ハンの国書を持つ高麗使が大宰府《だざいふ》に到着する。

1269年（文永6）
▼モンゴル使節の黒的《こくてき》が返牒《へんちょう》を要求する。

鎌倉時代

世界のできごと

1234年
▼オゴタイ＝ハンが金を滅ぼす。

1241年
▼ワールシュタットの戦いでバトゥの西征軍が、ポーランド・ドイツ諸侯連合軍を破る。

1248年
▼ルイ9世、第6回十字軍を起こすも、エジプトで捕らわれる。

1250年
▼アイユーブ朝が倒れ、エジプト・シリアにマムルーク朝が成立。

1256年
▼神聖ローマ帝国が大空位時代に突入する。

1258年
▼フラグの西征軍がバグダードを攻略。アッバース朝が滅亡。

1260年
▼モンゴル帝国で**フビライ＝ハン**が即位。

POINT 2
1266年
▼**ハイドゥの乱が起こる。**

POINT 3
1270年
▼**ルイ9世が第7回十字軍を率いて出発するも病死する。**

歴史の現場

チベット仏教（ラマ教）の寺院が立ち並ぶモンゴル帝国の首都・カラコルムの遺跡。

豆知識 大空位時代

神聖ローマ帝国では、ホーエンシュタウフェン朝の断絶後、帝位を継ぐ有力者がいなくなり、実体を伴わない名目的な皇帝が続いた。

この人物が凄い！ フビライ＝ハン

（1215〜1294年）

モンゴル帝国第5代皇帝、世祖。チンギス＝ハンの末子トゥルイの子で、兄のモンケ＝ハンを補佐して大理やチベットを征服した。兄の没後、後継者争いを制して即位し、大都へ遷都。さらに1271年に国号を中国風の元と改めた。1279年には南宋を征服し、高麗やビルマなども征服して元の最大版図を実現した。

3ポイントでわかる！ 13世紀中期（1231～1270年）

POINT 2 1266年 ハイドゥの乱

フビライ＝ハンは、本来後継者となるはずだった末弟のアリクブケを差し置いてハン位についた。この即位に反対するハイドゥ（オゴタイ＝ハンの孫）は、1266年、アリクブケを助けて決起。アリクブケ降伏後もチャガタイ、キプチャク両ハン国と同盟して抵抗を続けたため、乱は40年余りにわたって続いた。

POINT 3 1270年 ルイ９世、エジプトで病死

フランス王ルイ９世は、第６回、第７回十字軍を率いた。1248年に始まる第６回ではエジプトを攻撃したが、1250年のマンスーラの戦いでマムルーク朝のバイバルスに敗れ、ルイ９世自身が捕虜となってしまう。ルイ９世は解放後、謹厳な信仰生活を送るようになり、1270年に再び第７回十字軍を起こす。満を持してチュニジアの攻略を目指したが、結局王はチュニスで疫病にかかって没した。のちにルイ９世を、ローマ教会は「聖人」の列に加え、称《たた》えている。

POINT 1 1253年 日蓮が法華宗を開く

比叡山《ひえいざん》や高野山《こうやさん》などに学んだ日蓮は、『法華経（妙法蓮華経）』こそが釈迦《しゃか》の教義であるとの思想に到達し、1253年４月、日の出に向かい「南無妙法蓮華経」と題目《だいもく》を唱え、この日の正午に清澄寺持仏堂《せいちょうじじぶつどう》で初説法を行ったという。この日をもって法華宗（日蓮宗）の開宗とされる。

相次ぐ災害の原因は、人々が『法華経』を信じずに浄土宗などの邪法を信じていることにあるとして諸宗を非難し、このままでは内乱と外国からの侵略を受けて日本が滅びると訴え、『法華経』への帰依を説いた。

13世紀（後期）1271〜1300年

どんな時代だった？

日本で元寇が起きた頃、オスマン帝国がアナトリアに成立！

北条時宗の朝貢拒否を受け、モンゴルの大軍が1274年と1281年の2度にわたり北九州に攻め寄せる。文永《ぶんえい》の役《えき》と弘安《こうあん》の役《えき》である。これを辛くも撃退した御家人たちであるが、窮乏に拍車がかかり、幕府の求心力が低下する。

国号を「元《げん》」と改めたモンゴル帝国は、1279年には南宋《なんそう》を滅ぼし中国を統一。ユーラシア大陸にまたがる大帝国となった。

また、1299年には、のちにイスラーム世界の旗手となるオスマン帝国が小アジアのアナトリアで産声を上げた。

歴史の舞台ウラ　神風は吹かなかった⁉

かつて元寇というと、モンゴル軍が撤退したのは神風が吹いたからだと言われていたが、じつは文永の役が起こったのは台風の時期ではなく、暴風雨があったことを裏付ける史料もない。そのため、威力偵察であった可能性が高い。

歴史の現場

モンゴルの再来に備えた元寇防塁。北九州の沿岸部に積まれた石垣が今も保存されている。

BOOKガイド　『アンゴルモア元寇合戦記』たかぎ七彦

¥626　角川書店

1274年に起こった文永の役における対馬の戦いを題材として描いたコミック作品。鎌倉幕府によって対馬に流刑された元御家人・朽井迅三郎らが、蒙古・高麗軍の大軍団を対馬の守護・宗氏一族とともに迎え撃つ7日間の戦いを描く。

日本のできごと

1274年（文永11）
▼**元軍が九州に来襲。文永の役が起こる。**

1275年（建治元）
▼異国警固番役《いこくけいごばんやく》が制度化される。

1276年（建治2）
▼元使の杜世忠《とせいちゅう》が龍ノ口《たつのくち》で斬殺される。
▼博多湾岸に防塁が築かれる。

1279年（弘安2）
▼来日した元使が博多で斬られる。

1281年（弘安4）
▼元軍が再び来襲し、弘安の役が起こる。

1284年（弘安7）
▼北条時宗が没し、北条時貞《ときさだ》が執権に就任。

1285年（弘安8）
▼内管領・平頼綱《たいらのよりつな》が安達泰盛《あだちやすもり》一族を滅ぼす（霜月《しもつき》騒動）。

1293年（永仁元）
▼鎮西探題《ちんぜいたんだい》が設置される。

1297年（永仁5） POINT 2
▼**永仁《えいにん》の徳政令《とくせいれい》が発布される。**

鎌倉時代

世界のできごと

1271年
▼モンゴルが国号を元とする。

1273年
▼ハプスブルク家のルドルフ1世が神聖ローマ皇帝に即位し、大空位時代が終わる。

1279年
▼元が南宋を滅ぼす。

1282年
▼シチリアの晩鐘《ばんしょう》事件が発生。シチリアがアラゴン領となる。

1283年
▼イングランドのエドワード1世がウェールズを征服する。

1291年 POINT 1
▼**アッコンが陥落し、十字軍遠征が終わる。**

1295年
▼イングランドのエドワード1世が議会を召集（模範議会）。

1299年 POINT 3
▼**オスマン帝国が建国される。**
▼マルコ・ポーロの『東方見聞録《とうほうけんぶんろく》』が出版される。

歴史の舞台ウラ　〝マルコ・ポーロ〟の正体

元の世祖フビライに仕えたマルコ・ポーロの体験を口述筆記した『東方見聞録』であるが、纏足《てんそく》や万里の長城など、ヨーロッパの人間が見たら当然興味を抱くであろうことに触れられていない。しかも、17年間フビライのもとにあったとされながら、モンゴル側の史料にその名はなく、ヨーロッパへの帰還に利用したはずの船の乗組員名簿にすら登場しない。

一方で、『東方見聞録』にある宮廷の記録は正確で、実際に元を訪れた人物が著述に関わっていることは確実視されている。

豆知識　イギリス皇太子の称号

イングランド王エドワード1世が、ウェールズを征服し、同地のカーナボン城に滞在していた時、長子エドワードが誕生。王はウェールズへの配慮から、王子に「プリンス・オブ・ウェールズ」の称号を授与する。以後、イギリスの皇太子には、代々この称号が与えられるようになった。

3ポイントでわかる！ 13世紀後期(1271～1300年)

POINT 3 1299年 オスマン帝国が建国される

セルジューク朝がビザンツ帝国に勝利したマンジケルトの戦い（1071年）を契機にアナトリアへ侵入したトルコ民族のなかから、1299年にオスマン・ベイが中心となって建国されたのが、オスマン朝である。オスマン・ベイは周辺のキリスト教国家などと戦いながら勢力を拡大し、オスマン帝国を築き上げたとされる。

POINT 1 1291年 アッコンが陥落

シリアに点在した十字軍の拠点は、アイユーブ朝やマムルーク朝によって次々に攻略され、13世紀後半になると、アッコンを残すのみとなる。

1291年、マムルーク朝９代のスルタン、アシュラフ・ハリールは、20万を超える兵を率いて、聖ヨハネ騎士団、テンプル騎士団などが籠《こも》るアッコンを包囲し、２か月弱の攻防の末にこれを攻略した。これによって都合７次にわたる十字軍遠征は終焉を迎えた。

POINT 2 1297年 永仁の徳政令が発布

多大な犠牲を払いながら元の侵攻を撃退した御家人たちであったが、満足な恩賞を得ることはできなかった。当時の武家は分割相続が習慣であったことも手伝って、御家人たちの困窮は進み、土地を手放す者が増加していった。そうした御家人を対象に、質流れや売却によって失った所領を無償で取り戻してよいとしたのが、「永仁の徳政令」である。

後醍醐天皇が倒幕に執念を燃やしていた頃、「教皇のバビロン捕囚」が始まった！

どんな時代だった？

御家人の窮乏が進むなか、朝廷では皇位継承をめぐる持明院統《じみょういんとう》と大覚寺統《だいかくじとう》の争いが起こる。鎌倉幕府は文保《ぶんぽう》の和談で争いを解消したが、このちに即位した後醍醐《ごだい》天皇は天皇親政に強い意欲を示し、鎌倉幕府打倒を企図。1324年に正中《しょうちゅう》の変を起こす。

ヨーロッパでは1303年、教皇ボニファティウス8世とフランスのフィリップ4世が対立。フィリップ4世がローマ近郊のアナーニにて教皇を監禁する事件が起こり、教皇が憤死すると、1307年、フィリップ4世は教皇庁をフランスのアヴィニョンに移してしまった。

日本のできごと

1305年（嘉元3）
▼連署・北条時村《ときむら》を殺害した越《おっ》訴《そ》頭人・北条宗方が誅殺される（嘉元《かげん》の乱）。

1317年（文保元）
▼**文保の和談**により、両統迭立《てつりつ》が定まる。
▼この頃、『吾妻鏡《あづまかがみ》』が著される。

1318年（文保2）
▼後醍醐天皇が即位する。

1321年（元亨元）
▼後醍醐天皇が親政を開始する。

1323年（元亨3）
▼鎌倉大地震が発生。

1324年（元亨4）
▼**9月、後醍醐天皇による鎌倉幕府討滅計画が発覚する（正中の変）。**（POINT 3）

1325年（正中2）
▼幕府が建長寺船《けんちょうじせん》を元に派遣。

鎌倉時代

用語解説 文保の和談

承久の乱後も上皇による院政が行われてきた朝廷では、後嵯峨上皇が院政の後継者を決めずに亡くなったことから、皇統が持明院統と大覚寺統に分裂。両統の争いが激化したため、鎌倉幕府が仲裁に乗り出して結ばれたのが文保の和談である。以後、両統が交互に即位する両統迭立の原則が定められた。

歴史の舞台ウラ 天皇の本心

後醍醐天皇の倒幕は、文保の和談の原則に従うと皇位継承から外されてしまうが、自分の子供を皇位につけたいためでもあったとされる。

歴史の現場

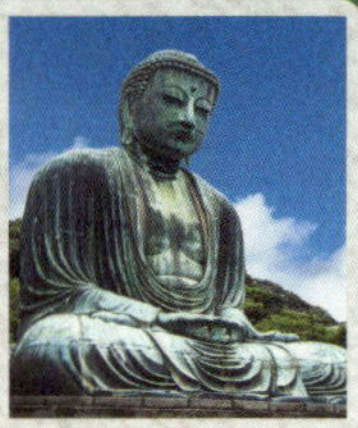

高徳院の阿弥陀如来坐像は、津波によって大仏殿が流され露坐の大仏となった。

世界のできごと

1302年
▼フランスで最初の身分制議会「三部会《さんぶかい》」が開かれる。

1303年
▼アナーニ事件が起こる。

1307年
▼フィリップ4世、テンプル騎士団を弾圧する。

1309年
▼**「教皇のバビロン捕囚《ほしゅう》」が始まる。**（POINT 1）

1310年
▼チャガタイ＝ハン国がオゴタイ＝ハン国を併合する。

1314年
▼バノックバーンの戦いで、スコットランドのロバート・ブルース（ロバート1世）がイングランドのエドワード2世を破る。

1321年
▼**ダンテが「神曲《しんきょく》」を著す。**（POINT 2）

1328年
▼イヴァン1世がモスクワ大公となる。
▼シャルル1世が没し、カペー朝が断絶。ヴァロワ朝が開かれる。

歴史の現場

スコットランド独立の指導者ウィリアム・ウォレスと、独立を成し遂げたロバート1世の像が並ぶエディンバラ城の門。

歴史の舞台ウラ テンプル騎士団の呪い

カペー朝は、フィリップ4世の没後、次々に4人の国王が亡くなり、断絶へと至る。その背後で囁《ささや》かれているのが、テンプル騎士団の呪い。フィリップ4世は財政難を克服するため、テンプル騎士団に邪教の濡れ衣を着せて滅ぼし、資産を没収したのである。騎士団の長ジャック・ド・モレーは、処刑に際して王家に呪いをかけたという。

豆知識 アナーニ事件

国内の聖職者への課税に対し、教皇ボニファティウス8世の抗議を受けたフィリップ4世は、教皇をローマ近郊のアナーニで捕らえ監禁してしまう。教皇は、民衆や手兵に助け出されたが、フィリップ4世を呪詛《じゅそ》しながら憤死したという。

3ポイントでわかる！ 14世紀前期（1301～1330年）

勢力の拡大
1303年のアナーニ事件ののち、1309年、フィリップ4世は教皇庁を南仏のアヴィニョンへ移す
1306年、ロバート・ブルースが王位につく
スコットランド
イングランド王国
ロンドン
ドイツ騎士団領
ポーランド王国
神聖ローマ帝国
フランス王国
ハンガリー王国
キリスト教諸国
レオン、カスティリャ、アラゴン
アヴィニョン
レコンキスタ
ポルトガル王国
グラナダ
ナスル朝
大西洋
ジャーン朝
マリーン朝
ハフス朝
地中海
ローマ教会
第二次ブルガリア帝国
コンスタンティノープル
黒海
ビザンツ帝国
イタリア商人の東方貿易
エルサレム
カイロ
マムルーク朝
メッカ
アラビア半島
キプチャク＝ハン国
サライ
同盟
カスピ海
抗争
併合
オゴタイ＝ハン国
チャガタイ＝ハン国
イル＝ハン国
バグダード
同盟
トゥグルク朝がチャガタイ＝ハンを撃退
チベット
ヒマラヤ山脈
ラサ
デリー
トゥグルク朝
デカン高原に進出し、インド史上最大の領土を獲得。これによりインドの南北の交通網がつながる
ヒンドゥー諸王朝
アラビア海
シンハラ
元
抗争
日元貿易が行われ、元寇ののちに経済的・文化的交流が盛んになる一方、元の官吏の不当な関税に対抗した人々が武装。倭寇の起源となる
高麗
日本
鎌倉
京都
パガン朝
陳朝大越国
スコータイ朝
アンコール朝
占城
太平洋
インド洋

POINT 1 1309年 教皇のバビロン捕囚

1309年、フランス王フィリップ4世が教皇クレメンス５世をアヴィニョンに強制移転させたことに始まる事態。以来、教皇は７代69年間にわたって、フランス王の監視下に置かれた。これを、亡国によってバビロンへと連行された古代イスラエルの人々の苦難になぞらえて、「教皇のバビロン捕囚」とよぶ。のちの1378年にはドイツ皇帝、イングランド王がローマ教皇を擁立して互いに正当を主張したため、教会大分裂が起こる。（→68ページ）

POINT 2 1321年 ダンテが「神曲」を著す

1304年から1321年にかけて執筆された『神曲』は、ダンテ自身が古代ローマの詩人ウェルギリウスに導かれて地獄・煉獄《れんごく》・天上界をめぐる大叙事詩である。文書はラテン語で記されるのが一般的であった当時にあって、『神曲』はイタリアの地方言語であるトスカナ語で書かれた。このトスカナ語がのちに体系化され、現在のイタリア語へと発展する。

POINT 3 1324年 正中の変

天皇親政をあるべき姿と考え、その実現に情熱を燃やす後醍醐天皇は1324年、倒幕計画を実現させるべく、腹心の日野資朝《ひのすけとも》らに武士を味方に引き込むよう指示した。だが話を聞いた土岐《とき》一族の者が計画を妻に漏らしてしまい、幕府に探知されてしまう。後醍醐天皇は無関係を装うことで難を逃れたのだった。

14世紀 中期 1331～1370年

どんな時代だった？

室町幕府が成立した頃、英仏の百年戦争が始まった！

鎌倉幕府打倒に執念を燃やす後醍醐天皇に、楠木正成《くすのきまさしげ》や足利尊氏《あしかがたかうじ》らが呼応し、1333年、鎌倉幕府が滅亡する。

しかし天皇による建武《けんむ》の新政は武士層の不満をよび、足利尊氏が離反。南北朝の争乱が始まった。

この時代、世界はペストに翻弄された。まず1330年代に発生したペストの流行と寒冷化によって元が衰退。明《みん》に敗れて北方へと追いやられた。さらに、1347年にヨーロッパに上陸したペストは、英仏百年戦争を停戦に追い込むほどの猛威を振るった。

豆知識 反対された建武の年号

後醍醐天皇といえば「建武の新政」。建武は時の年号であり、後醍醐天皇がこだわりをもって選んだものである。だが、「武」の字が兵乱をよぶとして公家からの反対が多かった。

歴史の現場

湊川の古戦場に鎮座する湊川神社(神戸市)。この戦いで戦死した楠木正成を護国の神として祀る。

用語解説 南北朝時代

楠木正成らを湊川の戦いで破った足利尊氏が、持明院統の光明天皇を擁立した。これにより、後醍醐天皇が吉野に移った1336年から、皇統が合一される1392年まで、京都と吉野に分立した二朝が戦いを繰り広げた時代を指す。観応の擾乱以降、幕府内部の対立が絡み、長期化した。

日本のできごと

鎌倉時代

1331年（元徳3／元弘元）
▼再び後醍醐天皇の鎌倉幕府討滅計画が発覚する（元弘《げんこう》の変）。

1332年（正慶元／元弘2）
▼後醍醐天皇、隠岐《おき》に配流される。

1333年（正慶2／元弘3）
▼足利高氏（尊氏）が六波羅探題《ろくはらたんだい》を、新田義貞《にったよしさだ》が鎌倉を攻め落とし、鎌倉幕府が滅亡。建武の新政が始まる。

室町（南北朝）時代

1336年（建武3／延元元）
▼湊川《みなとがわ》の戦いで、足利尊氏が新田義貞・楠木正成を破る。
▼足利尊氏に擁立され、光明《こうみょう》天皇が即位。

POINT 1

1338年（暦応元／延元3）
▼**足利尊氏、征夷大将軍となる（室町幕府の成立）。**
▼後醍醐天皇が吉野《よしの》へ逃れ、南朝が成立。

1350年（観応元／正平5）
▼足利尊氏と弟の直義《ただよし》が対立。観応《かんのう》の擾乱《じょうらん》が起こる。

1369年（応安2／正平24）
▼足利義満《よしみつ》、征夷大将軍に就任。

世界のできごと

POINT 2

1339年
▼**英仏百年戦争が始まる。**

1346年
▼イングランド軍がクレシーの戦いでフランス軍を破る。

1347年
▼ヨーロッパでペストが流行。

1351年
▼元で紅巾《こうきん》の乱が起こる。

1356年
▼神聖ローマ皇帝カール4世が金《きん》印勅書《いんちょくしょ》を発布する。
▼イングランド軍がポワティエの戦いでフランス軍を破り、国王ジャン2世を捕虜とする。

1358年
▼フランスでジャックリーの乱が起こる。

1361年
▼オスマン帝国がアドリアノープルを占領する。

POINT 3

1368年
▼**朱元璋《しゅげんしょう》が元を滅ぼし、明を建国。**

1370年
▼ティムールがサマルカンドに建国（ティムール帝国）。

豆知識 百年戦争勃発の理由

カペー朝の断絶後、カペー家の支流のヴァロワ家からフィリップ6世が即位したのに対し、イングランドのエドワード3世が、母がカペー家の出身であることを理由に王位継承権を主張。フランスがこれに反発して開戦に至った。

豆知識 ペストの大流行

ペストは1330年代の中央アジアで発生したとみられ、アジアで元を衰退させる一方、1347年にヨーロッパへ上陸。衛生的とはいえない都市環境と医療の未発達から、瞬く間にヨーロッパ中へ広まり、全人口の約3分の1を死滅させた。

歴史の現場

ティムール帝国の首都サマルカンド。征服地から連行した職人たちにより、壮麗な都市空間が形成された。

3 ポイントでわかる！

14世紀中期（1331～1370年）

POINT 3　1368年　朱元璋が、明を建てる！

ペストの流行で元の勢力が衰え、政治が乱れるなか、1351年、紅巾の乱が起こる。この反乱のなかで頭角を現した貧農の生まれの朱元璋は、劉基《りゅうき》という軍師を得て勢力を拡大。1368年に金陵《きんりょう》（南京）を首都として即位し、明を建国した。

その年のうちに北伐を行った朱元璋は、大都《だいと》（北京）の元をモンゴル高原に追いやり、さらに雲南地方のモンゴル勢力を一掃して中国を統一した。だが晩年、朱元璋は多くの功臣を粛清し、北方の要地は元の逆襲に備えて子供たちを配置していった。

POINT 2　1339年　百年戦争勃発

1328年にフランスでカペー朝が断絶すると、ヴァロワ家のフィリップ6世が即位してヴァロワ朝を開いた。フィリップ6世が大陸のイングランド領の接収を狙ってギュイエンヌ公領を没収すると、イングランドのエドワード3世はフランスの王位継承権を主張して1339年、北フランスへ侵攻。翌年にはスロイス沖の海戦に勝利して英仏海峡の制海権を奪った。

POINT 1　1338年　室町幕府成立

後醍醐天皇の倒幕を助けた足利尊氏であったが、1335年、中先代《なかせんだい》の乱を機に関東で建武政府に対して反旗を翻した。湊川の戦いでの勝利後、光明天皇を擁立して室町幕府を開くと、後醍醐天皇を京から追った。

その後幕府は南朝方との対立、足利氏内部の紛争である「観応の擾乱」を克服し、3代将軍・義満の時代に最盛期を迎える。

どんな時代だった?

足利義満が南北朝を統一した頃、ティムール・オスマン両帝国が勢力を拡大!

14世紀後半、南朝の衰退を見た3代将軍・足利義満は、有力守護を力で抑える一方、南北朝の合一を進め、1392年、南朝の後亀山《ごかめやま》天皇を帰京させる形で争乱に終止符を打った。

明では1399年に靖難《せいなん》の変が起こり、太祖《たいそ》(洪武帝＝朱元璋)の孫・建文帝《けんぶんてい》を燕王朱棣《えんおうしゅてい》が倒し、帝位についた。

中央アジアでは、ティムールが勢力を拡大。また、オスマン帝国もアドリアノープルの攻略に続き、1389年にコソヴォの戦いでバルカンのスラヴ勢力を破るなど、目覚ましい発展を続けていた。

この人物が凄い! 足利義満(1358〜1408年)

南北朝合一を果たした室町幕府3代将軍。1379年以降親政を始めると、土岐氏、山名氏といった有力守護家の内紛に乗じて領国を削減。反乱を起こした大内義弘を討つなど、足利一門以外の有力守護を次々に抑え込んでいった。1392年には南北朝合一を成し遂げると、明との勘合貿易を開始。義満は「日本国王臣源」を名乗り、朝貢貿易で多大なる利益を上げ、室町幕府の絶頂期を実現した。

歴史の現場

南朝の行宮が置かれた吉野行宮址。

歴史の現場

足利義満が築いた花の御所址。

日本のできごと

室町(南北朝)時代

1374年(応安7/文中3)
▼観阿弥《かんあみ》・世阿弥《ぜあみ》が新熊野神社で猿楽《さるがく》を上演する。

1378年(永和4/天授4)
▼足利義満が花の御所を造営する。

1390年(康応2/元中7)
▼**足利義満**が土岐氏《ときし》の内紛に介入する(土岐氏の乱)。

1391年(明徳2/元中8)
▼明徳《めいとく》の乱が起こる。

1392年(明徳3)
POINT 2
▼**後亀山天皇が帰京し、南北朝が統一される。**

室町時代

1394年(応永元)
▼義満が太政大臣となり、将軍職が義持《よしもち》に譲られる。

1398年(応永5)
▼義満、三管領《さんかんれい》・四職《ししき》の制を整える。

1399年(応永6)
▼大内義弘《おおうちよしひろ》が室町幕府に対し、堺《さかい》で挙兵する(応永《おうえい》の乱)。

1400年(応永7)
▼世阿弥が『風姿花伝《ふうしかでん》』を著す。

世界のできごと

1375年
▼シャルル5世、イングランドによる占領地の大部分を奪還する。

1378年
▼教会大分裂が始まる。

1381年
POINT 1
▼**ヴェネツィアがジェノヴァを破り、地中海に覇権を確立する。**
▼イングランドでワット＝タイラーの乱が起こる。

1388年
▼明の藍玉《らんぎょく》により北元《ほくげん》が滅亡する。

1389年
▼コソヴォの戦いでオスマン帝国がバルカン半島のスラヴ勢力を破る。

1392年
▼李成桂《りせいけい》が李氏朝鮮を建国する。

1396年
POINT 3
▼**オスマン帝国がニコポリスの戦いに勝利する。**

1399年
▼イングランドでランカスター朝が成立する。
▼明で燕王朱棣が挙兵(靖難の変)。

歴史の舞台ウラ

靖難の変

明の2代建文帝は皇帝権力の強化のため、一族・諸王の領地没収を強行する。そうしたなか、北辺に配置された洪武帝の子のひとり、燕王朱棣は、北平(北京)において「君側の奸《かん》を除き、帝室の難を靖んず」として挙兵。南京が1402年に陥落して建文帝は消息を絶ち、燕王朱棣が即位した。

歴史の現場

強大な海軍力を誇ったヴェネツィアの景観。

BOOKガイド

『双頭の鷲』佐藤賢一

百年戦争劣勢下のフランスにおいてシャルル5世に仕え、フランスの大元帥となったベルトラン・デュ・ゲクランの活躍と、破天荒な生涯を描く。

¥853
(新潮社)

3ポイントでわかる！

14世紀後期（1371～1400年）

POINT 1 1381年 ヴェネツィアの地中海覇権

アドリア海に面した干潟に成立したヴェネツィアは、東方貿易で巨万の富を築いた。

この年、ヴェネツィアは、北西イタリアにあって地中海から黒海まで交易範囲を広げていたライバルのジェノヴァに勝利した。戦いののちジェノヴァがヴェネツィアの優位を認めたため、ヴェネツィアは積極的に侵略戦争を行って周辺地域を植民地化していく。

POINT 2 1392年 南北朝が統一される

南朝の弱体化が顕著になるなか、足利義満の主導と大内義弘の仲介によって、南朝の後亀山天皇から北朝の後《ご》小《こ》松《まつ》天皇への三種の神器の譲渡が実現する。その条件として、皇統が交互に継承されることが約束されたが、結局は守られず、1410年に後亀山天皇は吉野へ出奔してしまった。

POINT 3 1396年 ニコポリスの戦い

1396年、オスマン帝国のバヤジット1世が、ハンガリー王ジギスムント率いるバルカン諸国・フランス・イングランド・神聖ローマ帝国の連合軍を、ブルガリア北境の都市ニコポリスにて打ち破った。

この戦いを境に、ヨーロッパ諸国は連携してオスマンと戦う意欲を失う。一方でオスマン帝国はバルカン半島の支配を固め、確実なものとしていった。

15世紀 前期 1401～1430年

どんな時代だった?

足利義教がくじ引きで将軍に選ばれた頃、ジャンヌ＝ダルクがオルレアンを解放した!

足利義満は、1404年から明との間に勘合《かんごう》貿易を開始し、莫大《ばくだい》な利益を得る。

その後、将軍職は義持、義量《よしかず》と継承されたが、義量が早世し、後継者が不在となったため、足利義教《よしのり》が神意（くじ引き）によって後継者に選ばれた。

1339年以来続く英仏の百年戦争では、イングランドとブルゴーニュ公が手を組んだことで窮地に陥ったフランスに、天使のお告げを受けたというジャンヌ＝ダルクが登場。イングランド軍に包囲されていたオルレアンを解放すると、ランスにてシャルル7世の戴冠式を実現させた。

用語解説 勘合貿易

室町時代に行われた日明貿易のこと。1401～1549年の間に19回が記録される。日本国王が明皇帝に朝貢する形式を取り、倭寇の活動が活発化するなか1404年以降、交付された勘合符を携帯する船のみに貿易が許されるようになった。

豆知識 上杉禅秀の乱

鎌倉公方とは室町幕府が関東支配のために置いた鎌倉府の長。関東管領の上杉氏に補佐される体制が採られてきた。

上杉禅秀は関東管領を務めた人物であったが、4代公方・持氏と対立し、反乱を起こすも幕府が持氏を支持したことで鎮圧された。

歴史の舞台ウラ 正長の土一揆

正長の土一揆では、畿内近国の農民たちが債務破棄を要求して京都や奈良へ乱入し、金融業者でもあった酒屋や土倉《どそう》を襲撃し、借金の証文を焼却したうえ、近江の守護や興福寺に徳政令を出させた。

日本のできごと

1401年（応永8）
▼足利義満が第1回遣明船《けんみんせん》を派遣する。

1404年（応永11）
▼**勘合貿易**が始まる。

1411年（応永18）
▼明との国交が一時断絶する。

1416年（応永23）
▼上杉禅秀《うえすぎぜんしゅう》が鎌倉公方《くぼう》・足利持氏《もちうじ》に対する反乱を起こす（上杉禅秀の乱）。

1419年（応永26）
▼応永《おうえい》の外寇《がいこう》が起こる。

1421年（応永28）
▼諸国で飢餓《きが》が起こり、疫病が流行する。

1423年（応永30）
▼足利義量、征夷大将軍に就任。

1428年（正長元）
▼正長《しょうちょう》の土一揆《どいっき》が起こる。

POINT 2

1429年（永享元）
▼**足利義教、征夷大将軍に就任。**
▼播磨《はりま》と丹波《たんば》で土一揆が発生。
▼尚巴志《しょうはし》、琉球《りゅうきゅう》を統一し琉球王国を建国する。

室町時代

世界のできごと

1402年
▼明で永楽帝《えいらくてい》が即位する。

POINT 1

▼**ティムール朝が、オスマン帝国のバヤジット1世をアンカラの戦いで破る。**

1410年
▼タンネンベルクの戦いが起こり、ドイツ騎士軍がポーランド、リトアニア、ルーシ連合軍に大敗する。

1415年
▼**ヤン＝フス**がカトリック教会によって火刑に処される。

1419年
▼アジャンクールの戦いが起こる。
▼神聖ローマ帝国でフス戦争が始まる。

1421年
▼明の永楽帝が都を北京に移す。

1428年
▼ベトナムで黎朝《れいちょう》が成立する。
▼この頃、中南米にアステカ帝国が成立する。

POINT 3

1429年
▼**オルレアンの戦いでジャンヌ＝ダルクがイングランド軍を破る。**

歴史の舞台ウラ

メキシコシティの地下から発見されたアステカ帝国の首都ティノチティトランの遺構。

歴史の現場

永楽帝が築いた天壇。皇帝が天を祭り、五穀豊穣を祈る儀式の場。

この人物が凄い! ヤン＝フス（1370/71年頃～1415年）

ベーメン南部の農民の子として生まれたフスは、プラハ大学で学んだのち同大学の教授となり、学芸部長や総長を歴任した。カトリックの腐敗が進むなか、イギリスのウィクリフの説に影響を受けて教会改革を主張。聖書の精神に立ち戻ることを訴えたが、破門されてしまう。しかしその後も『教会論』などを発表し、精力的に活動したが、コンスタンツ公会議によばれて自説の撤回を迫られたがこれを拒否したため、翌年火刑に処された。

3ポイントでわかる！ 15世紀前期（1401～1430年）

POINT 2 1429年
足利義教、くじ引きによって征夷大将軍に就任

5代将軍・義量の早世後、政務に復帰していた足利義持が没すると、その後継者は、出家していた義持の4人の弟のなかからくじ引きで選ばれることとなった。

前代未聞の決定法であるが、人知で判断できないことは神の手に委ねる習慣をもつ日本にあって、くじは正統性のあるものとみなされていた。くじ引きは石清水《いわしみず》八幡宮で行われ、青蓮院《しょうれんいん》の義円《ぎえん》が当選。還俗《げんぞく》して足利義教を名乗った。

POINT 3 1429年
オルレアンの戦いでジャンヌ＝ダルクがイングランド軍を破る

百年戦争において、イングランドがブルゴーニュ公家と結託したことで窮地に陥ったフランスは、正統の王太子シャルルを擁しながらも圧倒的な劣勢下にあった。

シャルルのもとに、神のお告げを受けたという少女ジャンヌ＝ダルクが訪れたのは1428年のこと。ジャンヌは王太子を励ますと、イングランドの包囲下にあるオルレアンへ赴き、兵を鼓舞してイングランド軍を撃退。これを機にフランスが戦局を好転させ、王太子のランスでの即位へと至る。

POINT 1 1402年
アンカラの戦い

ニコポリスの戦いに勝利し、コンスタンティノープル攻略にかかろうとしていたオスマン帝国のバヤジット1世の背後を狙って、ティムールが小アジアに来寇。これをバヤジット1世が迎え撃つ形でアンカラの戦いが起こる。

戦いはティムール帝国の完勝。バヤジット1世が捕虜となって、オスマン帝国は崩壊の危機に瀕《ひん》した。

15世紀 中期 1431〜1470年

どんな時代だった?

応仁の乱が起こった頃、ビザンツ帝国が滅亡する!

1441年、将軍・足利義教が殺害されると、室町幕府の権威は揺らぎ、1467年に応仁《おうにん》の乱（応仁・文明《ぶんめい》の乱）が勃発。日本は1世紀にわたる戦国時代へ突入した。

ヨーロッパでは1453年にコンスタンティノープルがオスマン帝国によって陥落し、ビザンツ帝国が滅亡する。また同じ年には英仏百年戦争が終結したが、イングランドでは間もなく王位をめぐるバラ戦争が勃発した。レコンキスタが進むイベリア半島では、カスティリャ王女イザベルとアラゴン王子フェルナンドが結婚し、スペインの基礎が生まれた。

用語解説　鎌倉公方

東国支配のために鎌倉に置かれた室町幕府の出先機関「鎌倉府」の長官を鎌倉公方とよぶ。

初代氏満《うじみつ》以降、次第に自立傾向を強め、4代足利持氏はたびたび幕府に反抗。ついには1438年に補佐役である関東管領・上杉氏の諫めを無視して永享の乱を引き起こしたが、持氏は自害に追い込まれた。

歴史の舞台ウラ　嘉吉の変はなぜ起こったか？

永享の乱によって鎌倉公方・足利持氏を滅ぼし、一色義貫《よしつら》・土岐持頼を謀殺し専制政治を展開した足利義教。次に討たれるのは赤松満祐だという噂が流れた。これに危機感を募らせた満祐が事を決行したのである。

歴史の現場

応仁の乱の戦端が開かれた上御霊神社（京都市）にある「応仁の乱勃発地」の碑。

日本のできごと

1432年（永享4）
▼足利義教が明に遣使する。

1438年（永享10）
▼永享《えいきょう》の乱が勃発。足利義教が**鎌倉公方**・足利持氏を自害へ追い込む。

1440年（永享12）
▼下総《しもうさ》の結城氏朝《ゆうきうじとも》、持氏の遺児を擁して挙兵する（結城合戦《ゆうきかっせん》）。

1441年（嘉吉元）
▼嘉吉《かきつ》の変で、足利義教が赤松《あかまつ》満祐《みつすけ》に暗殺される。

1443年（嘉吉3）
▼足利義政《よしまさ》、征夷大将軍に就任。

1452年（享徳元）
▼細川勝元《ほそかわかつもと》、管領に再就任。

1454年（享徳3）
▼畠山義就《はたけやまよしなり》・政長《まさなが》の家督争いが起こる。

1457年（長禄元）
▼蓮如《れんにょ》が本願寺第8代法主《ほっす》となる。
▼足利義政、足利政知《まさとも》を伊豆堀越《ほりごえ》に派遣。

POINT 3
1467年（応仁元）
▼**応仁の乱が勃発する。**

室町時代 ｜ 戦国時代

世界のできごと

1442年
▼南イタリアにアラゴン王家の支配が確立する。

1443年
▼フィレンツェで世界初の累進所得税が実現する。

1445年頃
▼ドイツでグーテンベルクが活版《かっぱん》印刷《いんさつ》を発明する。

1449年
▼オイラートのエセン＝ハンが明の英宗《えいそう》を捕らえる（土木《どぼく》の変）。

1453年
POINT 1
▼**英仏百年戦争が終結する。**
POINT 2
▼**オスマン帝国がコンスタンティノープルを占領し、ビザンツ帝国を滅ぼす。**

1455年
▼イングランドでバラ戦争が開戦。

1461年
▼イングランドにヨーク朝が成立。

1469年
▼ロレンツォ＝デ＝メディチがメディチ家の当主となる。
▼カスティリャ王女イザベルとアラゴン王子フェルナンドが結婚する。

歴史の舞台ウラ　メディチ家台頭の謎

フィレンツェの市政を握ったメディチ家であるが、礎を築いたコシモの父ジョヴァンニ以前の来歴が謎に包まれている。街に点在する紋章を見ると、丸薬を表しているものであることから医療関係の職業にあったのではないかと推測されるが、医療関係者の組合の記録にメディチの名はない。

歴史の現場

1453年の陥落以降、イスタンブールと名を変えたコンスタンティノープル。

豆知識　城門を閉め忘れて陥落

ビザンツ帝国もよく持ちこたえてきたが、陥落前日の攻防の後、ケルカポルタという小さな城門を閉め忘れてしまう。これをオスマン帝国側が発見し、そこから市内になだれ込まれたため、コンスタンティノープルは陥落。ビザンツ帝国は滅亡した。

3 ポイントでわかる！ 15世紀中期（1431～1470年）

POINT 1　1453年　英仏百年戦争が終結

オルレアンの解放後、1435年にブルゴーニュ公国を味方に引き入れたフランスは、イングランド領となっていた大陸の土地を次々に奪還すると、1450年にリッシュモン大元帥指揮の下、フォルミニーの戦いでイングランド軍に大勝。1453年にはボルドーを攻略して百年戦争を終結させた。

POINT 2　1453年　コンスタンティノープル陥落！

1453年、宿願であったコンスタンティノープルの攻略に着手したメフメト２世は、艦隊を陸に揚げて山越えをさせ、町の補給路となっていた金角湾《きんかくわん》を封鎖する一方、大口径のウルバン砲の攻撃によって城壁を破壊していった。

コンスタンティノープル側もよく持ちこたえたが、5月29日、ついに陥落した。これにより、オスマン帝国は東西交易の要衝を掌握。メフメト２世は同都市をイスタンブールと改称し、帝国の首都とした。

POINT 3　1467年　応仁の乱

1466年、畠山・斯波《しば》両氏の家督紛争が、将軍・足利義政の弟・義視《よしみ》と実子の義尚《よしひさ》との跡目争いに絡み、京都を舞台とした応仁の乱が勃発する。両軍はそれぞれ山名宗全《やまなそうぜん》、細川勝元を総大将として連合軍を形成し、11年にわたって争い続けた。

この大乱の結果、地方に国人《こくじん》層・守護代が台頭。互いに所領争いを始めて群雄割拠の様相を呈していく。

15世紀 後期 1471〜1500年

どんな時代だった？

足利義政が銀閣を建てた頃、ヴァスコ＝ダ＝ガマがインド航路を発見！

応仁・文明の乱は1477年に終結するが、山城《やましろ》の国一揆《いっき》をはじめ全国各地で一揆が猛威を振るっていた。幕府は政治的に無力だったが、一方で文化活動に逃避した足利義政によって銀閣《ぎんかく》が建てられると、東山文化が花開いた。また1491年には北条早雲《ほうじょうそううん》（伊勢宗瑞《いせそうずい》）が堀越公方《ほりごえくぼう》を追って伊豆で自立するなど、新興勢力の勃興が始まった。

スペインの援助を受けたイタリア人のコロンブスが新大陸に到達したのはこの頃のこと。イベリア半島のレコンキスタは、1492年にスペインがグラナダを占領してナスル朝を滅ぼし、完遂された。

日本のできごと

1474年（文明6）
▼関東で長尾景春《ながおかげはる》の乱が起こる。

1477年（文明9）
▼応仁・文明の乱が終結する。
▼山城の土一揆が起こる。

1479年（文明11）
▼蓮如《れんにょ》が山科《やましな》本願寺を建立。

1480年（文明12）
▼京都で徳政一揆が起こる。

1485年（文明17）
▼山城の国一揆が始まる。

1488年（長享2）
▼加賀《かが》の一向一揆《いっこういっき》が起こる。

1489年（長享3）
▼**足利義政が東山《ひがしやま》に銀閣を建てる。**（POINT 1）

1491年（延徳3）
▼**北条早雲**（伊勢宗瑞）、伊豆に自立する。

1493年（明応2）
▼明応《めいおう》の政変が起こる。
▼伊勢宗瑞、伊豆の堀越公方を滅ぼす。

1495年（明応4）
▼伊勢宗瑞、小田原城《おだわらじょう》を奪う。

戦国時代

豆知識 蓮如の布教と本願寺の隆盛

浄土真宗本願寺派の僧・蓮如の布教戦術は、仮名まじりの『御文《おふみ》』を書いて信徒に分かりやすく教えを説くスタイルであった。また、布教用のマニュアルも作っている。27人も子供をもうけたのも、寺々との姻戚関係を結び、結束を強めるためだった。

この人物が凄い！ 北条早雲（伊勢宗瑞）（？〜1519年）

北条早雲の出自は8代将軍・足利義政の申次衆《もうしつぎしゅう》であった伊勢盛定《もりさだ》の次男であることが定説となっている。今川氏に嫁いでいた姉の求めに応じて駿河へ下って同氏の内紛を鎮めると、1493年には、堀越公方を簒奪《さんだつ》した足利茶々丸《ちゃちゃまる》を追って伊豆へ進出すると、1518年までに相模を平定し、関東北条氏の基礎を築いた。

世界のできごと

1477年
▼ハプスブルク家のマクシミリアンとマリー＝ド＝ブルゴーニュが結婚。

1479年
▼カスティリャとアラゴンが合同し、スペイン王国が成立。

1480年
▼モスクワ大公国が自立する。

1485年
▼バラ戦争が終結。ヘンリ7世がテューダー朝を開く。

1488年
▼バウトロメウ・ディアスが喜望《きぼう》峰《ほう》を発見する。

1492年
▼**スペインがグラナダを占領してナスル朝を滅ぼす。**（POINT 2）
▼コロンブスが新大陸に到達。

1493年
▼トリデシリャス条約が締結される。

1494年
▼フランスと神聖ローマ帝国によるイタリア戦争が始まる。

1498年
▼**ポルトガルのヴァスコ＝ダ＝ガマがインド航路を発見。**（POINT 3）

豆知識 トリデシリャス条約

海外進出をめぐるスペイン・ポルトガルの対立を仲裁した教皇アレクサンデル6世は、新大陸や大西洋の管轄を決めるべく、世界をアフリカ・ヴェルデ岬西方の子午線《しごせん》で区切り、その西をスペイン、東をポルトガルの勢力圏とした。さらに翌年、両国が協議して教皇分界線を西方へ移動させ、トリデシリャス条約を結んだ。

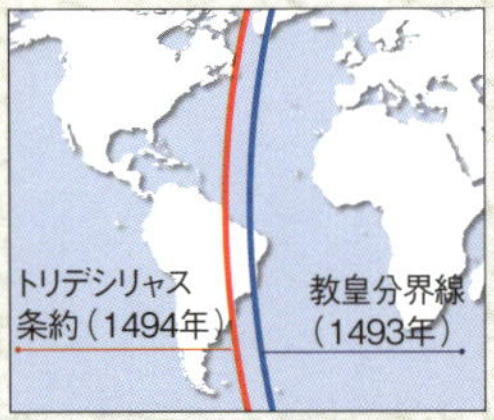

豆知識 ハプスブルク家台頭のきっかけ

ハプスブルク家はこの結婚によってブルゴーニュ公領とネーデルラントを獲得すると、マクシミリアンはマリーとの間にもうけた息子フィリップと息女マルガレーテをそれぞれスペインの王女フアナおよび王子フアンと結婚させ、のちにハプスブルク家がスペイン王位を得る布石を打った。

3ポイントでわかる！

15世紀後期(1471～1500年)

1485年、バラ戦争が終結し、テューダー朝が成立する
1477年、ハプスブルク家のマクシミリアンがブルゴーニュ公女マリーと結婚し、ハプスブルク・ブルゴーニュ同盟が成立。マリーの没後、ハプスブルク家がブルゴーニュ公領を手に入れる
1472年、イヴァン3世がビザンツ帝国最後の皇女と結婚。モスクワ大公国がビザンツ帝国の地位を受け継ぎ、正教会の指導者となる
モスクワ大公国
ドイツ騎士団領
モスクワ
カザン＝ハン国
北海
イングランド王国
ロンドン
リストニア
ポーランド王国
ポルトガル王国
神聖ローマ帝国
サファヴィー教団が活動を開始する
キプチャク＝ハン国
オイラート
フランス王国
ヴェネツィア
ハンガリー王国
フィレンツェ
スペイン王国
イタリア戦争
オスマン帝国
ローマ教会
黒海
カスピ海
サマルカンド
グラナダ
ナスル朝
イスタンブール
北京
朝鮮
[李朝]
日本
地中海
エルサレム
ティムール帝国
チベット
オイラートの南下に苦しむ
明
勘合貿易
京都
カイロ
バグダード
ヒマラヤ山脈
ラサ
ロディー朝
デリー
マムルーク朝
メッカ
アラビア半島
ペグー朝
黎朝大越国
アラビア海
ヴィジャヤナガル王国
アユタヤ朝
占城
1471年に滅ぼす
カリカット
太平洋
マリンディ
ヴァスコ＝ダ＝ガマの航海路
勢力の拡大

POINT 1　1489年
足利義政が銀閣を立てる

足利義政が東山山荘に建立した観音殿が銀閣である。１階が書院造《しょいんづくり》、２階が禅宗様式の仏殿風となっている。

銀閣は東山文化の代表的建築物である。東山文化は公家文化と武家文化に加え、禅の文化と庶民文化が融合した文化であり、建築では庭園や書院造が、芸能の分野では華道や茶道、能、連歌、水墨画などが発展した。

POINT 2　1492年
レコンキスタの終焉！

７世紀以来続いてきたキリスト教諸国によるレコンキスタは、1492年のグラナダ陥落をもって終焉を迎える。

大きな転換点となったのが、1469年のアラゴンの王子フェルナンドと、カスティリャ王女イザベルの結婚である。この結婚により1479年に両国が合邦。強国スペインが誕生した。スペインはイベリア半島に最後まで残ったイスラーム王朝であるグラナダのナスル朝を降伏させる一方、コロンブスを介して新大陸へ乗り出していく。

POINT 3　1498年
ヴァスコ＝ダ＝ガマがインド航路を開拓

1497年にポルトガルのリスボンを出航したヴァスコ＝ダ＝ガマは、喜望峰を回ってアフリカ東岸のマリンディに至り、1498年５月、インド西岸のカリカットに到達した。

西欧諸国が世界の海に進出した大航海時代のそもそもの動機は、アフリカにあると信じられた「聖ヨハネの国」を探すことと、オスマン帝国を介さずにアジアの産物を手に入れるための航路を開拓すること。ガマの航海により、インドの香料が安価に、大量に西欧にもたらされることになった。

細川家の内紛に室町幕府が揺れていた頃、ルターが宗教改革を始める！

1507年、日本では管領《かんれい》・細川政元《ほそかわまさもと》が殺害されたのを機に永正《えいしょう》の錯乱《さくらん》が起こり、室町幕府が機能不全に陥ると、地方に守護・守護代・国人《こくじん》など、様々な階層の武士たちによる政権が乱立するようになる。

イスラーム世界では、イランのサファヴィー朝とインドのムガル帝国が勃興。サファヴィー朝と隣り合うオスマン帝国は、スレイマン1世の時代に最盛期を迎えた。

ヨーロッパでは教皇レオ10世がドイツで贖宥状《しょくゆうじょう》を売り出すと、ヴィッテンベルク大学の神学教授ルターが反発。「九十五カ条の論題」を公表して宗教改革の先鞭《せんべん》をつける。

日本のできごと

1505年（永正2）
▼幕府が撰銭令《えりぜにれい》を発布。粗悪な銭の流通を禁止した。

1507年（永正4）
POINT 1
▼**6月、永正の錯乱が起こる。**
▼8月、越後守護の上杉房能《ふさよし》、守護代の長尾為景《ためかげ》と戦い敗死する。

1510年（永正7）
▼三浦《さんぽ》の乱が起こる。

1512年（永正9）
▼対馬の宗氏《そうし》が朝鮮と壬申約条《じんしんやくじょう》を結ぶ。

1513年（永正10）
▼蝦夷《えぞ》でアイヌが蜂起する。

1517年（永正14）
▼今川氏親《うじちか》が斯波義達《しばよしたつ》を破り、遠江《とおとうみ》を領国化する。

1518年（永正15）
▼大内義興《よしおき》、領内で撰銭令を発布する。

1523年（大永3）
▼大内、細川の使者が明で寧波《ニンポー》の乱を起こす。

1526年（大永6）
POINT 3
▼今川氏親、**分国法**《ぶんこくほう》の『今川仮名目録《いまがわかなもくろく》』を制定する。

戦国時代

豆知識 三浦の乱と壬申約条

朝鮮の貿易統制に反発した朝鮮の三浦《さんぽ》（塩浦・釜山浦・乃而浦《ないじ》）に定住する日本人が宗氏の援軍を得て起こした暴動が三浦の乱である。乱は鎮圧され、日本と朝鮮王朝との通交は断絶。その後、壬申約条で回復したが、貿易港を乃而浦のみとされ、貿易の規模が大幅に圧縮された。

豆知識 寧波の乱

博多商人と結ぶ大内氏と、堺商人と結ぶ細川氏の派遣した遣明船。寧波到着後、後着だった細川氏の船が先に手続きを終えたことで大内側が怒り、明の役人を殺害して細川船を焼き払った事件。この事件ののち、日明貿易は大内氏の独占するところとなる。

用語解説 分国法

戦国大名がその分国を支配統制するために公布した法令で、「家法」「戦国家法」ともいう。『今川仮名目録』もそのひとつ。法典には『御成敗式目（貞永式目）』を模範としたものが多く、加えて各領国の事情に応じた条項が並ぶ。

世界のできごと

1501年
▼イランにサファヴィー朝が建国される。

1516年
▼ハプスブルク家のカール、スペイン王カルロス1世として即位。

1517年
POINT 2
▼**ルター、「九十五カ条の論題」を掲示。宗教改革が始まる。**

1519年
▼カルロス1世、神聖ローマ皇帝カール5世となる。

1521年
▼スペインのコルテスがアステカ帝国を征服する。

1524年
▼ドイツで農民戦争が勃発する。

1526年
▼ムガル帝国が成立する。

1527年
▼ヘンリ8世、王妃キャサリンとの離婚を教皇庁に申請する。

1529年
▼**オスマン帝国が第一次ウィーン包囲を行う。**

豆知識 改革者ルターの意外な私生活

カトリックでは聖職者の妻帯を禁じていたが、ルター派はこれを認め、ルター自身も修道女だった女性を妻として6人の子をもうけ、子供たちとの会話を楽しみにしたという。賛美歌を歌う形式にしたのもルターであり、ルターがリュートを弾き子供たちが賛美歌を歌う絵が描かれている。

豆知識 皇帝選挙

1519年に行われた神聖ローマ帝国の皇帝選挙に際して、ハプスブルク家のスペイン王・カルロス1世とフランスのフランソワ1世が立候補。激しい買収合戦の末にカルロス1世が勝利した結果、フランスは東西をハプスブルク家に挟まれることとなる。

歴史の現場

17世紀のムガル皇帝シャー・ジャハンが建てたタージ・マハル。ムガル帝国の代表的な建造物である。

3ポイントでわかる！ 16世紀前期（1501～1530年）

POINT 1　1507年
永正の錯乱が起こる

1507年、室町幕府管領の細川政元が養子のひとり澄之《すみゆき》によって暗殺されると、ほかのふたりの養子・高国《たかくに》と澄元《すみもと》が澄之を自害へと追い込んだ。

だが、高国と澄元も間もなく細川家の家督をめぐって対立し、翌年、澄元が高国に京を追われる形で終結した。

POINT 2　1517年
ルター、「九十五カ条の論題」を掲示！

宗教改革の幕開けを告げたできごとは、ヴィッテンベルク大学の神学教授マルティン・ルターが「九十五カ条の論題」をヴィッテンベルク城付きの教会の門扉に貼り出したことである。当時のカトリック教会では教皇レオ10世がサン＝ピエトロ大聖堂修築の資金を集めるために贖宥状（罪の許しを得られた印として教会が発行する証明書）を盛んに販売していた。これに疑問を唱えたのがルターであった。

POINT 3　1529年
オスマン軍がウィーンを包囲！

1529年、神聖ローマ帝国の都ウィーンを、オスマン帝国の大軍が包囲した。オスマン軍は1か月余りで包囲を解き撤退したが、「トルコの脅威」を印象づける結果となったこの事件の背後には、なんとフランスがあった。

フランス王フランソワ1世はハプスブルク家に対抗するため、ひそかにオスマン帝国に接近し、同盟を結んでいたのである。

16世紀 中期 1531〜1570年

どんな時代だった？

織田信長が足利義昭を連れて上洛した頃、ユグノー戦争とオランダ独立戦争が勃発！

群雄割拠の時代が続く日本に織田信長《おだのぶなが》が登場する。1560年に今川義元《よしもと》を桶狭間《おけはざま》の戦いで破ると1568年には足利義昭《よしあき》を奉じて上洛《じょうらく》。天下統一に向けて前進した。スペインは征服活動を活発化させて、1533年にピサロがインカ帝国を征服した。

宗教改革に端を発した旧教派と新教派の争いは、各地で武力衝突となって火を噴く。ルター派は容認されたものの、カルヴァン派は認められなかったため、フランスでユグノー戦争が、ネーデルラントでは、スペインに対する独立戦争が勃発する。

歴史の舞台ウラ　キリスト教伝来

ザビエルが日本に来た背景には、宗教改革に対抗したカトリック教会の反動宗教改革がある。この動きのなかで、スペイン人のロヨラらによって1534年に結成されたイエズス会が海外伝道を推進し、宣教師を未布教地域へ派遣した。そのひとりがザビエルであった。

豆知識　毛利元就、中国地方を掌握

厳島の合戦に勝利した毛利元就は、瞬く間に大内氏の遺領を接収すると、出雲の尼子《あまご》氏を月山富田城に滅ぼし、中国地方を統一した。

歴史の現場

織田信長が今川義元を討ち取った桶狭間の古戦場。

日本のできごと

1542年（天文11）
▼斎藤道三《さいとうどうさん》が土岐氏から美濃《みの》を奪う。

1543年（天文12）
▼ポルトガルから種子島《たねがしま》に鉄砲が伝来する。

1549年（天文18）
▼フランシスコ・ザビエルが鹿児島に上陸し、キリスト教が伝来。

1555年（弘治元）
▼毛利元就《もうりもとなり》、厳島《いつくしま》の戦いで陶晴賢《すえはるかた》を破る。

1560年（永禄3）
▼織田信長が桶狭間の戦いで今川義元を破る。

POINT 2
1568年（永禄11）
▼**織田信長、足利義昭を奉じて上洛し、義昭が征夷大将軍となる。**

1570年（元亀元）
▼織田信長と石山《いしやま》本願寺の間で石山合戦が始まる。

戦国時代

世界のできごと

1534年
▼ヘンリ8世、首長令《しゅちょうれい》を制定する。

1540年
▼オスマン帝国がフランスにカピチュレーションを与える。

1541年
▼カルヴァン、ジュネーヴで神権政治を始める。

1545年
▼ポトシ銀山が発見される。

1554年
▼スペインの王子フェリペとイングランドのメアリ1世が結婚。

1555年
▼アウグスブルクの宗教和議で、領邦（諸侯・都市）の宗教選択権が容認される。

1558年
▼エリザベス1世が即位する。

1562年
▼フランスでユグノー戦争が開戦。

POINT 1
1564年
▼ムガル帝国のアクバル、人頭税《じんとうぜい》を廃止する。

POINT 3
1568年
▼オランダ独立戦争が勃発する。

歴史の舞台ウラ　英国国教会の成立

首長令は、イングランド国王を英国教会の唯一最高の首長とする法で、この成立により英国教会の教皇からの分離独立が確定した。宗教改革の一端に位置づけられるが、発端はヘンリ8世の離婚を教皇が認めなかったためという私的な原因である。

豆知識　アウグスブルクの宗教和議

新教派諸侯の勢力が強まり、否定し続けてきたルター派を認めざるを得なかった神聖ローマ皇帝カール5世は、すべてに意欲を失い、翌年自ら退位した。

豆知識　ユグノー戦争とは？

フランソワ1世の治世以来続くプロテスタントの弾圧政策により、国内ではカトリックとプロテスタントの対立が激化。1562年、ギーズ公配下の一隊が礼拝に集まっていたプロテスタントを殺害した「バッシーの虐殺」をきっかけに、8次にわたる両派の激突が始まった。

3ポイントでわかる!

16世紀中期(1531~1570年)

POINT 3 1568年 オランダ独立戦争が勃発

1556年にスペイン=ハプスブルク家の領土となったネーデルラントでは、厳格なカトリックの強制が行われ、新教徒(プロテスタント)が弾圧を受けるようになる。

新教徒は1568年、圧政に対抗してオラニエ公ウィレムを旗頭として反乱を起こし、南部10州(ベルギー)脱落後の1581年に独立を宣言した。その後、スペイン無敵艦隊の壊滅などを経て1609年に休戦条約を締結。1648年のウェストファリア条約(→P89)で正式に独立が承認された。

POINT 2 1568年 織田信長、足利義昭を奉じて上洛

美濃の斎藤氏を滅ぼして岐阜に拠っていた織田信長は、庇護を求めてきた13代将軍・足利義輝《よしてる》の弟である義昭を受け入れる。

1568年に義昭を奉じて京へ上り、義昭を将軍の座につけた信長は、以後、将軍義昭の保護を大義名分として実質的な畿内支配を実現していった。

POINT 1 1564年 ムガル帝国のアクバル、人頭税を廃止する

1526年にティムールの子孫であるバーブルによって建国されたムガル帝国は、一時の中絶を経て3代アクバルにより復活する。アクバルは1564年に非イスラーム教徒に課した人頭税(ジズヤ)を廃止してヒンドゥー教徒との融和を図った。

これによりインドの宗教対立は収まり、ムガル帝国は6代アウラングゼーブの時代にかけて繁栄を謳歌した。

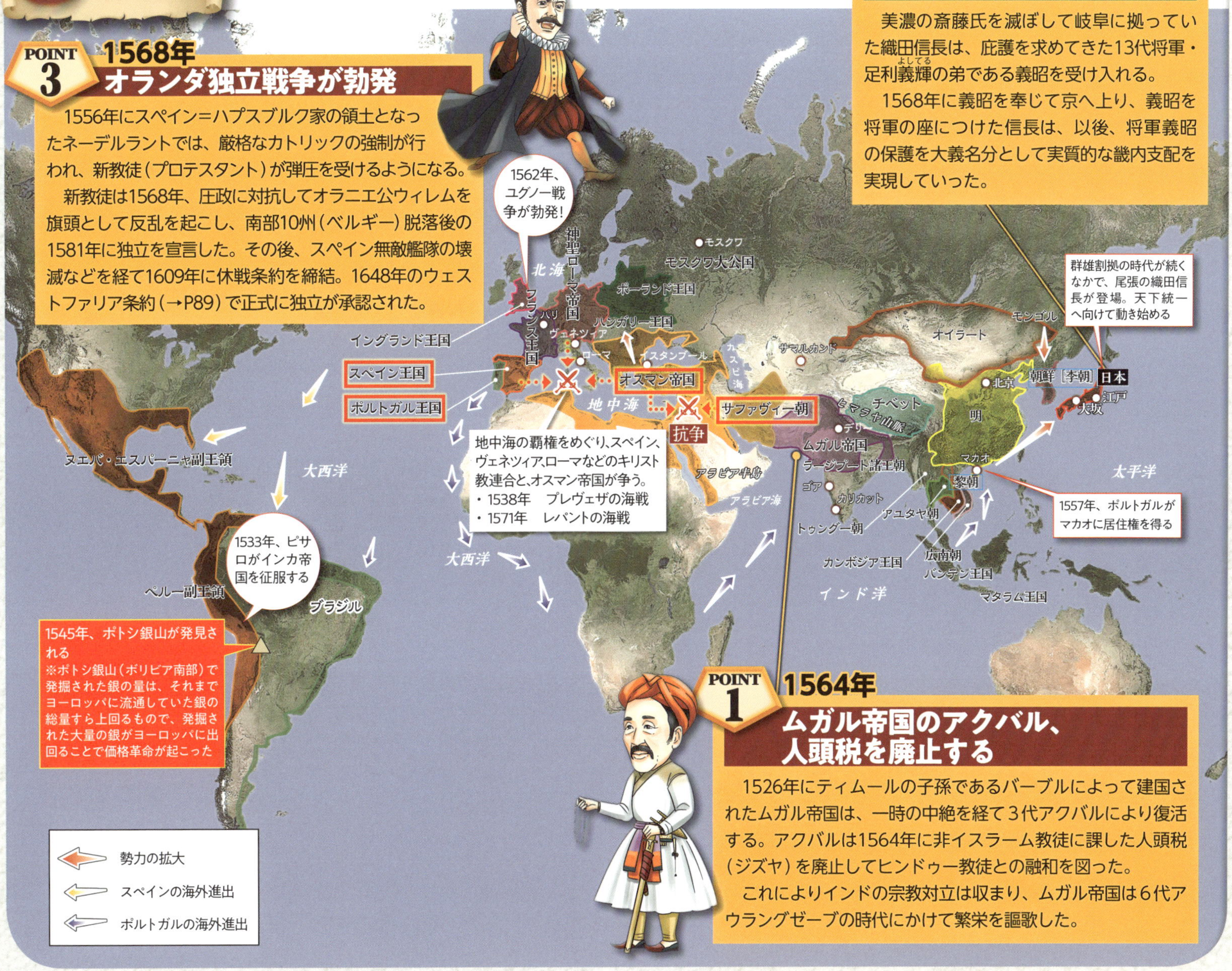

COLUMN

5分でわかる！
お金の流れの5000年史

人間同士が互いに欲しい物を交換し合う物々交換が始まって以降、商売が生み出す利益は富を追求する人を動かし、国を動かしてきた。より大きな利益を求めて人類はシルクロードを往来し、ヨーロッパ諸国の船が大海に乗り出すようになる。

さらには、中世末期から力を得た商人層と結びついた王族たちは、隣国に戦争を仕掛けて富を奪う一方、経済的利益で隣国と結びつくことで和平を得たりもした。

交易の範囲が広がることで世界は一体化し、現代へと至る。

歴史は経済によって動かされてきたといっても過言ではない。

時代区分	古代（～476年）	中世（～14世紀）
流通領域と形態	専制国家の広域経済	領邦・都市間の連携経済
資本形態	農業資本	商業資本
政治形態	古代帝国	封建制

地域	時代区分	年代	出来事
日本	中世	683年	日本で富本銭が鋳造される。
日本	中世	706年	和同開珎が鋳造される。
日本	中世	1173年	平清盛、大輪田泊を整備し日宋貿易を本格化させる。
ヨーロッパ・アメリカ	古代	紀元前2000年頃	ギリシア人が海上交易を始める。
ヨーロッパ・アメリカ	古代	紀元前6世紀半ば	アテネでラウレイオン銀山の採掘が始まる。
ヨーロッパ・アメリカ	古代	紀元前330年	マケドニアがアケメネス朝を滅ぼす。
ヨーロッパ・アメリカ	古代	3世紀後半	ローマ帝国で大規模なインフレが起こる。
ヨーロッパ・アメリカ	古代	330年	ローマ帝国、コンスタンティノープルに遷都し、東西交易の要衝を確保する。
ヨーロッパ・アメリカ	中世	8世紀	イスラーム海賊が跋扈（ばっこ）し、地中海交易が衰退する。
ヨーロッパ・アメリカ	中世	1167年	ロンバルディア同盟が結成される。
ヨーロッパ・アメリカ	中世	1179年	第3回ラテラン公会議で利子を徴収する者の破門が定められる。
ヨーロッパ・アメリカ	中世	12世紀	シャンパーニュの大市が始まる。
ヨーロッパ・アメリカ	中世	1241年	リューベックを盟主にハンザ同盟が結成される。
ヨーロッパ・アメリカ	中世	13世紀	神学者トマス・アクィナスが利子徴収を事実上認める。
オリエント・イスラム	古代	紀元前12世紀頃	フェニキア人が盛んに海上交易を行う。
オリエント・イスラム	古代	紀元前670年頃	小アジアのリディア王国にて世界初の貨幣が鋳造される。
オリエント・イスラム	古代	紀元前1世紀頃	ペトラ、パルミラなどがシルクロードの中継貿易によって栄える。
オリエント・イスラム	古代	3世紀	ササン朝において商人層が弾圧される。
オリエント・イスラム	中世	6世紀末	ササン朝とビザンツ帝国の争いに伴い、交易の中心がアラビア半島のヒジャーズ地方へ移る。
オリエント・イスラム	中世	642年	イスラーム勢力がササン朝を破り東西交易路を確保する。
オリエント・イスラム	中世	695年	ウマイヤ朝が流通貨幣をファルス銅貨、ディルハム銀貨、ディナール金貨の三種に統合する。
アジア・中国	古代	紀元前500年頃	中国で初めて貨幣が鋳造される。
アジア・中国	古代	紀元前3世紀末	始皇帝が統一貨幣「半両銭」を鋳造し、度量衡・車輪を統一する。
アジア・中国	古代	紀元前2世紀	漢の武帝、塩と鉄の専売制を布く。
アジア・中国	古代		漢の武帝、半両銭を廃止して五銖銭を鋳造する。
アジア・中国	中世	618年	煬帝の大運河開削により江南と華北の経済圏が結ばれる。
アジア・中国	中世	1023年	史上初の兌換紙幣（銅銭などとの交換が可能な紙幣）「交子」が発行される。
アジア・中国	中世	12世紀初頭	交子の乱発により宋経済が破綻する。
アジア・中国	中世	13世紀	モンゴル帝国がユーラシアを席捲。シルクロード交易の関税を廃止。駅伝制を整備する。
アジア・中国	中世	1279年	フビライ＝ハン、不換紙幣（銅銭との交換が不可能な紙幣）の交鈔を法定通貨と定める。
アジア・中国	中世	1371年	明、海禁政策をとる。

近代	近世 （～18世紀）
帝国主義の拡張経済	国民国家の結合経済
産業資本	産業資本
市民主義	絶対主義
1871年 「円」の単位が生まれる。 1885年 日本銀行券（紙幣）が発行される。	1401年 日明貿易が行われる。 16世紀中頃 日本で鉱山開発が進み、銀生産量が急増する。 17世紀初頭 朱印船貿易が盛んになる。 1636年 寛永通宝が鋳造される。
18世紀半ば イギリスで産業革命が起こる。 18世紀後半～ イギリス、インドの植民地化を進める。	1453年 最古の複式簿記が記録される。 1443年 フィレンツェ共和国で税制改革が行われ、世界初の累進所得税が実現する。 1492年 コロンブスがアメリカ大陸に到達する。 1498年 ヴァスコ＝ダ＝ガマがインドのカリカットに到達。 1517年 第5回ラテラン公会議で利子の徴収が解禁される。 1545年 ポトシ銀山が発見される。 16世紀前半 アントウェルペンがヨーロッパ経済の中心となる。 16世紀半ば カルヴァン、5％の利子取得を認める。（→プロテスタント圏で金融業が拡大する） 16世紀後半 ヨーロッパに大量の銀が流入したことで価格革命が起こる。 1619年 オランダ、ジャワ島にバタヴィアを建設し、香辛料貿易を独占する。 1651年 イングランドで航海法が制定され、オランダとの通商が停止。オランダの中継貿易が封じられる。 1661年 ストックホルム銀行が世界初の銀行券を発行する。
	1453年 オスマン帝国がコンスタンティノープルを占領。 1517年 オスマン帝国がマムルーク朝を滅ぼす。 1538年 オスマン帝国、ポルトガルのインド貿易の拠点アデンを攻略する。↓オスマン帝国によるヨーロッパ～インド間の交易路掌握が完成。
	16世紀後半 スペイン領フィリピンとの貿易（アカプルコ貿易）が盛んとなり、大量の銀が流入する。 17世紀後半 清が中国全土を征服する。

第3章 国民国家の誕生とつながる世界

アメリカ独立革命と、フランス革命を介して国民国家が誕生。日本も欧米による植民地獲得競争へと巻き込まれ、世界の歴史は未曽有の世界大戦へと向かっていく。

東アジア・中国

繁栄を誇った明《みん》であったが、北方異民族の侵入と倭寇の跳梁《ちょうりょう》に苦しみ、次第に衰退。豊臣秀吉による朝鮮出兵によって打撃を受け、1644年、李自成の乱によって滅亡した。明に代わった女真族の清は、優れた皇帝を次々に輩出し、東アジアに覇権を確立する。しかし、近代国家へと脱皮した欧米の進出を受け、19世紀に入ると領土を次々に切り取られていった。

主な出来事

- 1644年――李自成により明が滅亡する。
- 1840年――イギリスと清の間でアヘン戦争が勃発する。
- 1911年――辛亥革命により清朝が滅び、中華民国が建国される。
- 1949年――中華人民共和国が成立。

日本

戦国の戦乱は織田信長によって収束に向かう。信長は本能寺の変で横死するも、1603年、徳川家康によって江戸幕府が開かれ、太平の世が訪れた。徳川の治世は260年続き、世界史上でも稀《まれ》な平和の時代が続いた。しかし19世紀に入ると欧米のアジア進出が加速。激動の情勢に対応すべく、幕府が倒され、日本にも欧米に倣った国民国家が成立した。その後日本は、日清・日露の両戦役に勝利し、第一次世界大戦でも勝者の側に立ったことでアジアに覇権を確立する。しかし、中国の権益をめぐりアメリカとの対立を深めていった。

主な出来事

- 1582年――本能寺の変で織田信長が横死する。
- 1603年――徳川家康、征夷大将軍に就任し、江戸幕府を開く。
- 1867年――15代将軍・徳川慶喜が朝廷に大政奉還を奏上する。
- 1945年――8月15日、ポツダム宣言を受諾。

ヨーロッパ

産業革命によって生産力を増したヨーロッパでは、市場を求めてアジア、アフリカへの進出を加速させる。とくに英仏両国は世界規模での植民地をめぐる争いを展開している。しかし、多額の戦費と貴族の贅沢によって深刻な財政難に陥ったフランスにおいて、フランス革命が勃発。王政が打倒されたのを受けて革命の波及を恐れる諸国は干渉戦争を行った。その後も続いた植民地をめぐる争いには、統一から間もないドイツ、イタリアが加わり、第一次世界大戦として火を噴くこととなる。

主な出来事

- ●1789年―― フランス革命が起こる。
- ●1871年―― ドイツ帝国が成立する。
- ●1914年―― サライェヴォ事件が起こり、翌月、第一次世界大戦が勃発。
- ●1939年―― ドイツ・ソ連がポーランドに侵攻。第二次世界大戦が勃発する。

アメリカ

北米は1584年にヴァージニア植民地が建設されて以来、イングランドの植民地となってきたが、英仏の植民地争いにおいて本国が戦費を賄うための増税を行うと独立の機運が高まり、1775年、アメリカ独立革命が勃発する。独立戦争を勝ち抜いたアメリカは西部開拓と領土の拡張を進めて国力を高め、西海岸に達すると太平洋・アジア進出を進めていった。二次にわたる世界大戦で勝者となったアメリカは、世界第一位の国力と軍事力を誇る超大国へと成長し、20世紀半ば以降、世界の覇権国家となった。

主な出来事

- ●1620年―― ピルグリム・ファーザーズがアメリカに上陸する。
- ●1775年―― アメリカ独立革命が勃発する。
- ●1861年―― アメリカで南北戦争が勃発。
- ●1989年―― マルタ会談によって冷戦が終結する。

西アジア

イスラーム世界は地中海東部とシルクロードの終着点を支配下に収めたオスマン帝国が君臨する一方、イランのサファヴィー朝、インドのムガル帝国が有力であったが、欧米の植民地獲得競争の前に劣勢に立たされていく。19世紀にはロシアの南下を受けたオスマン帝国でエジプトのムハンマド・アリーが独立を画策。そこへ英仏露が絡んで東方問題が発生した。

主な出来事

- ●1683年―― オスマン帝国が第二次ウィーン包囲に失敗する。
- ●1869年―― エジプトでスエズ運河が開通。
- ●1922年―― トルコ革命が勃発。翌年トルコ共和国が成立する。
- ●1948年―― 5月、イスラエルが建国を宣言し、第一次中東戦争が勃発。

どんな時代だった？

織田信長が本能寺の変に倒れた頃、イングランドがスペイン無敵艦隊を破る!!

織田信長は1582年6月、重臣・明智《あけち》光秀《みつひで》の謀反により命を落とす。だが、光秀を破った羽柴《はしば》秀吉《ひでよし》が諸大名を従え、1590年、戦国の争いに終止符を打った。明《みん》が君臨する大陸では、東北部において1593年、ヌルハチが女真《じょしん》の諸部族を統一。清《しん》の基礎を築いた。

1571年、地中海において優位を誇ってきたオスマン帝国海軍を、スペインを主力とするキリスト教国の連合軍がレパントの海戦で破る。このスペイン艦隊に挑んだのが海上覇権を狙うイングランドで、1588年、スペインの無敵艦隊をアルマダの海戦で壊滅させる快挙を成し遂げた。

日本のできごと

1572年（元亀3）
▼織田信長、比叡山を焼き討ち。

1573年（元亀4）
▼織田信長が足利義昭を京から追放（室町幕府滅亡）。

1582年（天正10）
▼2月、天正遣欧使節が派遣される。
▼**6月2日、本能寺《ほんのうじ》の変。**（POINT 1）
▼6月13日、羽柴秀吉が山崎《やまざき》の戦いで明智光秀を破る。

1583年（天正11）
▼羽柴秀吉が賤ヶ岳《しずがたけ》の戦いで柴《しば》田《た》勝家《かついえ》を破る。

1590年（天正18）
▼豊臣秀吉、北条氏を滅ぼす。

1592年（天正20）
▼豊臣秀吉、朝鮮に出兵（文《ぶん》禄《ろく》の役）。

1597年（慶長2）
▼豊臣秀吉、朝鮮再出兵（慶《けい》長《ちょう》の役）。

1600年（慶長5）
▼徳川《とくがわ》家康《いえやす》、関ヶ原《せきがはら》の戦いで石《いし》田《だ》三成《みつなり》を破る。

戦国時代｜安土桃山時代

世界のできごと

1571年
▼スペイン・ローマ教皇・ヴェネツィア連合軍がレパントの海戦でオスマン帝国を破る。

1572年
▼フランスでサン・バルテルミの虐殺が起こる。

1581年
▼オランダが独立を宣言する。

1584年
▼イングランドが北アメリカのヴァージニアに植民を開始。

1588年
▼**イングランド軍がアルマダの海戦でスペイン無敵艦隊を破る。**（POINT 2）

1589年
▼フランス王アンリ3世が暗殺され、ナヴァル王アンリが即位（アンリ4世）。ブルボン朝を開く。

1593年
▼**ヌルハチが女真族諸部族を統一。**（POINT 3）

1598年
▼アンリ4世がナントの勅令を出し、ユグノー戦争が終結。

1600年
▼イングランド、東インド会社を設立する。

豆知識　足利義昭のその後

京から追い出された義昭であったが、まだ将軍職にあり、その後も反信長の動きを続けていた。

1582年には毛利氏に迎えられ再び信長包囲網を形成するが、同年信長は本能寺の変で光秀に殺された。義昭が帰京するのは1587年。秀吉の傘下に入って出家し余生を過ごすが、その後義昭の系統がどうなったのかは分かっていない。

BOOKガイド　『関ヶ原』司馬遼太郎

東西両軍合わせて十数万の兵力が激突し、天下の行方を決める会戦となった関ヶ原の戦いを、起因から終結まで克明に描く壮大な歴史絵巻。石田三成、徳川家康ら群雄の人間像を浮き彫りにする描写は司馬作品ならではのもの。

¥810（上巻）
新潮社

豆知識　ナントの勅令

アンリ4世が新教徒（ユグノー）に旧教徒とほぼ同様の権利を与えたことにより、両教徒の対立は緩和。ユグノー戦争は急速に収まり、フランスの国家統一の出発点となった。

歴史の舞台ウラ　「サン・バルテルミの虐殺」の実態

ユグノー戦争の最中、新教派と旧教派の対立を解消すべく行われたブルボン家のナヴァル王アンリと王妹マルグリットの婚儀に合わせてパリに集まった新教徒を、旧教徒が虐殺した。これが、サン・バルテルミの虐殺である。新教徒のコリニー提督殺害を契機に旧教徒が新教徒の襲撃を開始し、次々に殺害していった。ただし、エスカレートしたのには、町の人々の多くがこれに便乗してライバルや憎い借金取り、上役などを始末しようとしたという背景がある。

虐殺跡を描いた『ある朝のルーヴル宮城門』。

3 ポイントでわかる！

16世紀後期（1571～1600年）

POINT 3 1593年 ヌルハチが女真族諸部族を統一

女真族の首長の家に生まれたヌルハチは、25歳で祖父と父を明との戦闘で失うも、1593年までに女真族を統一。さらに満洲（東北部）全域を支配下に収めてハン位についた。

８つの軍団から成る軍事組織「八旗《はっき》」の制度を定める一方、満洲文字を制定するなど、のちの清帝国の基礎を築いていった。

POINT 2 1588年 アルマダの海戦

宗教問題やネーデルラント独立問題で対立するイングランドを征服すべく、スペインのフェリペ２世は、ガレオン船を主力とする無敵艦隊をイングランドへ向けて派遣した。

イングランド海軍が海賊ドレイクやホーキンスを加えた機動力に勝る小型船の多い艦隊で徐々に打撃を与えると、無敵艦隊はブリテン島北岸を回って逃走。途中、暴風雨に遭って壊滅した。以後、スペインは制海権を失い、オランダが事実上の独立を果たすなど、歴史の転換期を迎える。

POINT 1 1582年 本能寺の変

1582年（天正10）６月２日未明、中国遠征中の羽柴秀吉の援軍を率いるべく京都に滞在していた織田信長を、家臣・明智光秀が急襲。自害へと追い込んだ。

謀反の理由については、信長への怨恨説のほか、四国の長宗我部《ちょうそかべ》氏を黒幕とする説、ノイローゼ説、朝廷黒幕説などが挙げられており、はっきりしていない。

17世紀 前期 1601～1630年

どんな時代だった?

大坂の陣で豊臣家が滅んだ頃、ドイツで三十年戦争が始まった!

1600年の関ヶ原の戦いで天下の実権を握った徳川家康は、1603年には征夷大将軍に任ぜられ、江戸幕府を開いた。さらに1615年、天下統一の障壁となっていた豊臣家を滅ぼし、太平の世を日本にもたらす。ヨーロッパでは1618年、神聖ローマ皇帝の弾圧に対してベーメン（現チェコ）の首都プラハにて新教徒による「窓外放擲《そうがいほうてき》事件」が発生。ドイツを舞台とした三十年戦争が勃発する。また、ロシアでは1613年にミハイル＝ロマノフがツァーリに選ばれ、ロマノフ朝が創始された。

日本のできごと

1603年（慶長8）
▼徳川家康、征夷大将軍に就任し、江戸幕府を開く。

1609年（慶長14）
▼薩摩藩《さつまはん》が琉球王国を征服。

1613年（慶長18）
▼幕府が全国にキリスト教禁止令を出す。

1614年（慶長19）
▼10月、大坂冬の陣が起こる。

1615年（慶長20）
POINT 1
▼**4月、大坂夏の陣で、豊臣家が滅亡する。**
▼幕府が一国一城令、武家諸法度《ぶけしょはっと》、禁中《きんちゅう》並《ならびに》公家《くげ》諸法度《しょはっと》を発布する。

1616年（元和2）
▼8月、幕府、外国船寄港地を長崎と平戸《ひらと》に限定する。

1629年（寛永6）
▼紫衣《しえ》事件などにより、後水尾《ごみずのお》天皇が退位する。

江戸時代

世界のできごと

1602年
▼オランダ、東インド会社を設立。

1603年
▼イングランドでジェームズ1世が即位し、ステュアート朝が始まる。

1604年
▼フランス、東インド会社を設立。

1610年
▼フランス王アンリ4世が暗殺される。

1613年
▼ミハイル＝ロマノフがツァーリに選ばれ、ロマノフ朝が創始。

1616年
▼ヌルハチが後金《こうきん》を建国する。

1618年
POINT 2
▼**ボヘミアの首都プラハにて「窓外放擲《ほうてき》事件」が発生。三十年戦争が勃発する。**

1620年
POINT 3
▼**ピルグリム・ファーザーズがアメリカに上陸する。**

1630年
▼三十年戦争にスウェーデンが介入。

歴史の舞台ウラ　朝廷を凌駕した幕府の権威

1627年、朝廷から大徳寺や妙心寺の僧へ下された紫衣勅許に対し、幕府が法度に反していると問題にした。これに大徳寺の僧・沢庵《たくあん》らが抗議すると、幕府は沢庵らを流罪にしたうえ、1615年以来の幕府の許可のない紫衣を無効としてしまう。ここに幕府の法が天皇の勅許に優越することが見せつけられ、後水尾天皇譲位の引き金となった。

歴史の現場

現在の大坂城は徳川時代に建設されたもの。豊臣時代の大坂城の遺構は、すべて埋められ地下に眠っている。

歴史の舞台ウラ　方広寺鐘銘事件

大坂方を挑発し戦いへと追い詰めたかった徳川家康は、豊臣家が寄進した方広寺《ほうこうじ》の鐘に刻まれた「国家安康君臣豊楽」の銘文に対し、「家康の名を割って呪い、豊臣の天下を狙っている」という、言いがかりをつけた。

豆知識　マウリッツの改革

この頃のオランダでマウリッツによる軍制改革が行われた。兵士にマスケット銃の射撃に必要な動作を一斉に反復練習させることで兵の恐怖心を取り払い、整然とした横列での一斉射撃を次々に行うことを可能とした。

歴史の舞台ウラ　オランダ絵画の隆盛

海運によって得た富はオランダを潤し、市民階層の生活を向上させた。レンブラントやフェルメールなど、当時の画家たちによって、市民階層を題材とする名画が描かれた背景には、こうしたオランダ黄金時代がある。

豆知識　オランダが栄えたわけ

17世紀、世界経済の覇権を握ったのは、独立間もないオランダである。特に大きな利益を上げていたのが荷の輸送を担当する中継貿易であった。地中海貿易以外の世界中の貿易が、ほとんどオランダ船で行われていたといわれる。

3ポイントでわかる！

17世紀前期(1601～1630年)

POINT 2 1618年 三十年戦争の勃発

1617年、熱心なカトリック教徒であったハプスブルク家のフェルディナントが、新教徒の多いベーメンの王となると、プロテスタントを迫害する政策を実行。これに怒ったベーメンの首都プラハの民衆は翌年5月、プラハ城を襲って国王顧問官らを城の3階の窓から投げ落とすという事件を起こした(窓外放擲事件)。

ベーメンの人々は新教派の王を立てたため、ハプスブルク家は鎮圧軍を派遣。これにヨーロッパ諸国が介入し、最後の宗教戦争となる三十年戦争が始まった。

POINT 3 1620年 ピルグリム・ファーザーズがアメリカに上陸する

1620年末、北アメリカのプリマスに、小型帆船「メイフラワー」号に乗った102名の人々が上陸した。彼らはステュアート朝の絶対王政下のイングランドから信仰の自由を求めてやってきた清教徒を含む人々である。以降、1732年までに北米東部に13の植民地が建設されると、やがて植民地議会を持つようになり、アメリカの基礎が築かれた。

POINT 1 1615年 大坂夏の陣

1614年の大坂冬の陣において偽りの和平を結んだ徳川家康は、和平の条件を利用して大坂城の堀をことごとく埋め立てると、豊臣秀頼《ひでより》の国替えを迫って大坂方を再戦へと追い込んだ。

翌年4月に始まった夏の陣で大坂方が完敗し、城は落城。淀殿《よどどの》・秀頼母子が自害して豊臣家が滅亡した。

17世紀 中期 1631〜1670年

どんな時代だった？

江戸幕府が鎖国体制を築いた頃、イングランドでピューリタン革命が勃発！

江戸幕府成立当時こそ朱印船《しゅいんせん》貿易が行われて日本人は盛んに海外に出ていたが、3代徳川家光《いえみつ》の時代、島原《しまばら》の乱でキリスト教が一揆の拠りどころとされたことも一因となり、オランダを除くヨーロッパ諸国との窓口が閉ざされた。

1644年、明が李自成《りじせい》により滅亡。女真族は李自成を討つ口実で万里の長城を越え清を打ち立てた。

三十年戦争が1648年のウェストファリア条約締結によって終結し、神聖ローマ帝国が有名無実化するなか、イングランドでは専制政治を行おうとするチャールズ1世への反発から、ピューリタン革命が勃発した。

歴史の現場

きらびやかな彫刻が施された日光東照宮の唐門。

歴史の現場

長崎・出島のオランダ商館跡。カピタン（商館長）が駐留し、世界の情勢を伝える『オランダ風説書』が幕府に献上された。

豆知識

江戸の武士にひげがない理由

風俗の規制は武士にも及んだ。江戸時代の武士たちにはひげがないのはこのためで、1615年に幕府が武家奉公人を対象としてひげを蓄えることを禁じたことに始まる。その後、直参旗本のなかに異様な風体をして喧嘩に明け暮れる旗本奴が現れるようになると、1645年に対象を拡大。結果、大名たちもひげを自粛するようになった。

日本のできごと

江戸時代

1633年（寛永10）
▼奉書船以外の海外渡航が禁止される（鎖国の始まり）。

1635年（寛永12）
▼日本人の海外渡航・帰国が全面禁止される。

1636年（寛永13）
▼日光東照宮《にっこうとうしょうぐう》の陽明門《ようめいもん》などが完成する。

1637年（寛永14）
▼圧政と重税への反抗から、島原の乱が起こる。

1641年（寛永18）
POINT 1
▼**オランダ商館が出島《でじま》に移される。**

1649年（慶安2）
▼江戸幕府が慶安《けいあん》の御触書《おふれがき》を発布し、農民の生活を統制する。

1651年（慶安4）
▼由井正雪《ゆいしょうせつ》の幕府転覆の企てが発覚（慶安事件）。

1657年（明暦3）
▼明暦《めいれき》の大火が起こる。

世界のできごと

1632年
▼リュッツェンの戦いでスウェーデン王グスタフ・アドルフが戦死。

1635年
▼フランスが三十年戦争に介入する。

1642年
POINT 2
▼**イングランドでピューリタン革命が勃発する。**

1644年
▼李自成により明が滅亡する。

1648年
POINT 3
▼**ウェストファリア条約が結ばれ、三十年戦争が終結する。**

1649年
▼イングランド王チャールズ1世が処刑される。

1652年
▼前年、イングランドで航海法が制定され、海上覇権をめぐる英《えい》蘭《らん》戦争が勃発する。

1660年
▼イングランドで王政復古。チャールズ2世が即位する。

1661年
▼ルイ14世が親政を開始する。
▼鄭成功《ていせいこう》が台湾をオランダから奪う。

歴史の舞台ウラ

フランスはカトリック教国であったが、ハプスブルク家の力を殺《そ》ぐ目的のために、新教側に立って介入した。

歴史の舞台ウラ

王殺しが干渉されなかった理由

ピューリタン革命はチャールズ1世の処刑によって完遂されたが、周囲の国々がこぞって干渉したフランス革命とは異なり、国王処刑に対する外国の圧力はなかった。これは当時、隣国フランスではフロンドの乱が、スペインやポルトガル、ナポリ、カタルーニャでも反乱が起こり、さらにドイツは三十年戦争が終結したばかりと、どの国もイングランドへ介入する余裕がなかったため。

豆知識

航海法

1651年にイングランドで航海法が制定。これにより、オランダの船はイングランドおよび、インド〜ケープタウン間など、その植民地の港へ入ることができなくなり、中継貿易に大打撃を被った。

3 ポイントでわかる！ 17世紀中期（1631～1670年）

交易品の動き
三十年戦争期のヨーロッパ
スウェーデン王国
支援
デンマーク王国
プロイセン公国
イングランド王国
オランダ
神聖ローマ帝国
ベーメン
弾圧
スイス共和国
ハンガリー王国
フランス王国
オスマン帝国
ヴェネツィア
スペイン王国
教皇領
1652年、英蘭戦争が勃発。敗れたオランダは中継貿易に打撃を受け没落する
フランス、1635年から三十年戦争に介入
イングランド
スウェーデン
ネーデルラント
北海
ポーランド
神聖ローマ
ウィーン
ロシア・ツァーリ国
フランス
スペイン
ローマ教会
黒海
カスピ海
オスマン
地中海
サファヴィー朝
ムガル帝国
アウラングゼーブの治世下で最大版図に
ジュンガル
チベット
1644年、李自成の乱により滅亡
1636年、後金（清）に服属
後金（女真）
李氏朝鮮
江戸
日本
明
黎朝
広南朝
カンボジア王国
シャム（アユタヤ朝）
英領北米植民地
仏領ルイジアナ
ヌエバ・エスパーニャ副王領
太平洋
大西洋
砂糖・タバコ・コーヒー・綿花
［三角貿易］
火器類
奴隷
奴隷供給地
ペルー副王領
オランダ領
アラビア海
綿織物・陶磁器・茶・香辛料
インド洋

POINT 2 1642年 イングランドでピューリタン革命が勃発する

1628年、イギリス議会は、議会の同意のない課税、不逮捕特権などに反対する権利の請願を国王チャールズ1世に提出した。だが、スコットランドで起こった反乱鎮圧の戦費調達のために、王が議会を無視すると、議会派と王党派の対立が深まり、1642年、ついに武力衝突が起こる。

当初劣勢に回っていた議会派であったが、クロムウェルが1645年のネーズビーの戦いで王党派を破ると形勢は逆転し、1649年にはチャールズ1世を処刑して王政を倒した。

POINT 3 1648年 ウェストファリア条約が結ばれ、三十年戦争が終結する

三十年戦争は新教国のデンマーク、スウェーデンに加え、旧教国のフランスがハプスブルク家の弱体化を狙って新教側に立ち参戦したこと、戦争が終わると収入が失われる傭兵たちが戦争の終結を妨害するべく略奪を繰り返したことなどが原因となって、長期化した。

三十年戦争の終結は1648年のウェストファリア条約による。これにより、カルヴァン派の信教の自由、ドイツ諸侯・都市の自治権が認められ、スイス・オランダの独立が承認された。ドイツは荒廃し、神聖ローマ帝国領内の領邦がほぼ完全な主権を得て、帝国が事実上解体された。

POINT 1 1641年 オランダ商館が出島に移される

1604年から平戸に置かれたオランダ商館を介してオランダ貿易が行われてきたが、1641年、商館は長崎の出島へと移された。以後オランダは「鎖国」体制下におけるヨーロッパ唯一の貿易国となる。

その後の20年間は銀を主力の輸出品として大きな利益を上げる一方、織物類や砂糖が日本へもたらされた。また、商館員の私貿易では書籍や望遠鏡などのヨーロッパ製品がもたらされている。

17世紀 後期 1671〜1700年

どんな時代だった？

松尾芭蕉が『おくのほそ道』の旅に出た頃、オスマン帝国が第二次ウィーン包囲に失敗！

戦乱のなくなった江戸時代の日本では経済活動が活発化して越後屋の創業者・三井高利《みついたかとし》や材木商・紀伊国屋文左衛門《きのくにやぶんざえもん》などの豪商が登場。5代将軍・徳川綱吉《つなよし》のもとで元禄《げんろく》バブルの時代が訪れた。また、文化も成熟し、1689年には松尾芭蕉《まつおばしょう》が『おくのほそ道』の旅に出ている。

ヨーロッパではイングランドが王政復古ののち、名誉革命を経て議会制度を整えていくなか、3次にわたる英蘭戦争によってオランダの覇権を奪っていった。そうしたなか、1683年、オスマン帝国が2回目のウィーン包囲に失敗し、衰退がいよいよ顕著になった。

日本のできごと

1673年（寛文13）
▼三井高利が越後屋呉服店（現在の三越）を創業する。

1675年（延宝3）
▼代官の伊奈忠易《いなただやす》、小笠原諸島を探検する。

1680年（延宝8）
▼徳川綱吉、5代将軍に就任。

1682年（天和2）
▼井原西鶴《いはらさいかく》の『好色一代男《こうしょくいちだいおとこ》』が刊行される。

1684年（貞享元）
▼大老《たいろう》・堀田正俊《ほったまさとし》が江戸城内で刺殺される。
▼幕府、貞享暦《じょうきょうれき》への改暦が宣下される。

1685年（貞享2）
▼7月、綱吉が最初の生類憐《しょうるいあわれ》みの令を出す。

1689年（元禄2）
POINT 3
▼**松尾芭蕉が『おくのほそ道』の旅に出る。**

1691年（元禄4）
▼林羅山《はやしらざん》が湯島聖堂《ゆしませいどう》を完成させる。

江戸時代

豆知識 貞享暦と渋川春海

当時の日本では唐由来の宣明暦《せんみょうれき》が用いられていたが、長い年月が経過するなかで誤差が生じていた。そこで渋川春海《しぶかわはるみ》は日本で初めて自ら天文の観測を行い、1684 年により正確な貞享暦を作成。翌年に改暦された。

歴史の舞台ウラ 堀田正俊刺殺事件

堀田を殺害した稲葉正休《いなばまさやす》は、駆けつけた者たちによってその場で殺されたため、原因は不明のままとなった。この事件以降、綱吉が奥御殿で政務を執るようになったため、老中の居室との間に距離が生じた。そうした両者の連絡係として台頭するのが、柳沢吉保《やなぎさわよしやす》・牧野成貞《まきのなりさだ》ら側用人《そばようにん》である。

豆知識 綱吉の将軍就任

4代将軍家綱《いえつな》の次期将軍は綱重《つなしげ》と目されていた。しかし、綱重は病没。家綱も世継ぎを残さず没した。このとき、水戸藩の徳川光圀《みつくに》が、家綱の弟で、桂昌院《けいしょういん》を母とする館林藩主の徳川綱吉を推したことで次期将軍が決定した。

世界のできごと

1673年
▼清で呉三桂《ごさんけい》らが決起。三藩の乱が起こる。

1674年
▼第三次英蘭戦争が終結する。

1682年
POINT 1
▼**フランス王ルイ14世、ヴェルサイユに宮廷を移す。**
▼ロシアでピョートル1世が即位。

1683年
▼鄭氏が降伏し、台湾が清の直轄地となる。
POINT 2
▼**オスマン帝国が第二次ウィーン包囲に失敗する。**

1685年
▼ルイ14世、ナントの勅令を廃止する。

1688年
▼イングランドで名誉革命が勃発。

1689年
▼イングランドで権利章典が発布される。

1700年
▼ロシアとスウェーデンの間で北方戦争が始まる。
▼スペインのハプスブルク家が断絶する。

豆知識 北方戦争

北方戦争は、当時スウェーデンが独占していたバルト海の支配権を奪おうと、ロシアのピョートル1世がポーランド、デンマークと結んで起こしたものである。しかし、まだ17歳のスウェーデン王カール12世が、ロシア軍をナルヴァの戦いで大破してしまう。

歴史の現場

ルイ14世が巨額の費用と20年あまりの歳月を費やして築き上げたヴェルサイユ宮殿。

豆知識 三藩の乱

清の4代康熙帝《こうきてい》の抑圧を受け三藩の乱を起こしたのは、呉三桂、尚可喜《しょうかき》、耿継茂《こうけいも》といった明の降将たちである。清による中国平定に貢献したため、それぞれ清朝から雲南《うんなん》・広東《かんとう》・福建《ふっけん》の王に封ぜられていた。乱の平定により、清の支配は中国全土に浸透した。

3ポイントでわかる！ 17世紀後期(1671～1700年)

POINT 1 1682年 ヴェルサイユ宮殿が完成

フランス・ブルボン朝の国王ルイ14世は、豊富な資金を投入してパリ西南の地にあった宮殿を大改修し、20年余の年月を費やして壮麗なヴェルサイユ宮殿を完成させた。

1682年に王宮をヴェルサイユ宮殿に定めて貴族たちを集め、フランス絶対王政の象徴的存在となる。18世紀になると、貴族文化が開花するなかで宮廷社会を中心にフランスのロココ美術が生まれる。

POINT 2 1683年 第二次ウィーン包囲に失敗する

1683年、オスマン帝国は15万の大軍をもってハプスブルク家の本拠ウィーンを包囲し、ウィーンを陥落寸前まで追い込んだ。だがポーランドが援軍に駆けつけると、9月12日、ポーランド王ヤン3世率いる騎兵部隊が突撃を敢行。オスマン帝国軍を撃退した。

オスマン帝国は、1699年に結ばれたカルロヴィッツ条約によってハンガリーの主要地域を失うなど、退潮の契機となった。

POINT 3 1689年 松尾芭蕉が『おくのほそ道』の旅に出る

江戸の俳人・松尾芭蕉は、1689年の3月、門人の河合曾良《かわいそら》を伴って江戸を発ち、東北・北陸を回って美濃《みの》の大垣へ至る旅に出た。

この旅を題材にまとめられた俳諧紀行が『おくのほそ道』である。

18世紀 前期 1701〜1730年

どんな時代だった？

富士山が宝永の大噴火を起こした頃、ルイ14世がスペイン継承戦争を始める！

1702年、江戸では赤穂浪士《あこうろうし》による吉良邸《きらてい》討ち入り事件が起こる。1707年には富士山が噴火。また劣悪な元禄小判が鋳造されるなど、綱吉の治世末期は問題が山積した。武士たちの窮乏が進むなか、1716年に8代将軍になった徳川吉宗《よしむね》は享保《きょうほう》の改革を始める。

領土拡大を目論《もくろ》むフランスのルイ14世は1701年、スペイン・ハプスブルク家の断絶に際して、孫のアンジュー公フィリップをスペイン王位につけようとしたため、これに反対する諸国との間でスペイン継承戦争が勃発した。

日本のできごと

1702年（元禄15）
▼赤穂浪士事件が起こる。

1707年（宝永4）
▼**富士山が噴火する（宝永《ほうえい》の大噴火）。** POINT 3

1708年（宝永5）
▼イタリア人宣教師シドッチ、屋久島《やくしま》に上陸する。

1709年（宝永6）
▼徳川家宣《いえのぶ》が6代将軍に就任。生類憐みの令が廃止され、儒学者・新井白石《あらいはくせき》が登用される。

1714年（正徳4）
▼絵島《えじま》・生島《いくしま》事件が起こる。

1716年（享保元年）
▼徳川吉宗が8代将軍となり、享保の改革が始まる。

1717年（享保2）
▼大岡忠相《おおおかただすけ》が江戸町奉行に登用される。

1721年（享保6）
▼評定所《ひょうじょうしょ》の前に目安箱《めやすばこ》が設置される。

1723年（享保8）
▼**足高《あしだか》の制**が定められる。

江戸時代

世界のできごと

1701年
▼**スペイン継承戦争が勃発する。** POINT 1

1702年
▼アン女王戦争（英仏植民地戦争）が勃発する。

1703年
▼**ロシアでサンクト＝ペテルブルクの建設が開始される。** POINT 2

1705年
▼イングランドで最初の実用的蒸気機関が発明される。

1707年
▼イングランドとスコットランドが合同して大ブリテン王国（イギリス）が成立する。

1713年
▼フリードリヒ・ヴィルヘルム1世がプロイセン王となる。

1714年
▼ハノーヴァー選帝侯ゲオルグ（ジョージ1世）がイギリス国王に即位。

1721年
▼ニスタット条約で北方戦争が終結する。

1722年
▼清で康熙帝《こうきてい》が没し、雍正帝《ようせいてい》が即位する。

用語解説 足高の制

江戸初期の代官は知行《ちぎょう》300石程度の者が多くを占め、役職手当は支配地の年貢の1割を先取りする口米制が採られていたため、年貢の収穫高によって収入が変動し破産する者が続出した。そこで享保の改革では、代官の家禄（＝役高）を150俵と定め、これに不足する者に対して在職期間中、差額を補償した。

歴史の舞台ウラ 大奥最大のスキャンダル

寛永寺参詣へ赴いた大奥取締役・絵島が役者・生島辰五郎との密通の果てに江戸城の帰参時間に遅れたことで処罰された醜聞事件である。事件発覚の背景には、絵島が仕える月光院《げっこういん》（6代家宣側室）を追い落とそうとする天英院《てんえいいん》（6代家宣正室）派の策謀があったといわれる。

歴史の現場

討ち入りの現場となった両国の吉良邸跡。

豆知識 清朝の後継者決定法

雍正帝は、在世中の後継者指名をやめ、後継者と選んだ皇子の名を小箱に密封し、乾清宮《けんせいきゅう》の玉座の上、「正大光明」と大書された額の裏に安置した。そして、没後に初めて公表させたのである。この方法は「太子密建《たいしみっけん》」とよばれた。

歴史の舞台ウラ ハノーヴァー朝の王

現在のイギリス王家はウィンザー朝である。かつてはハノーヴァー朝とよばれ、1714年に国王となったハノーヴァー選帝侯ゲオルグ（ジョージ1世）を祖とする。だが、ジョージ1世は英語を話すことができず、議会に出ても内容が理解できないため政治からは距離を置いた結果、「王は君臨すれども統治せず」というイギリスの政治原則が生まれた。

豆知識 プロイセンの強国化

プロイセン王フリードリヒ・ヴィルヘルム1世の趣味は、軍事教練であった。プロイセンの軍事強国化に生涯を懸け、国庫収入の大半を投じて常備軍を3万8000人から20万人まで増大させた。

3 ポイントでわかる!

18世紀前期（1701～1730年）

POINT 2

1703年 サンクト＝ペテルブルク建設開始

バルト海の覇権をめぐるスウェーデンとの北方戦争のさなか、ピョートル1世は、ネヴァ川の河口に新首都サンクト＝ペテルブルクの建設を始める。

同地にはペトロパヴロフスク要塞や海軍省、造船所が建設され、軍港としても機能する先進的な都市が完成し、1712年からロシア帝国の首都となった。

POINT 1

1701年 スペイン継承戦争が勃発

1700年、カルロス2世の死によってスペインのハプスブルク家が断絶すると、ルイ14世は孫フィリップのスペイン王位継承権を主張。これに反対するオーストリア、イングランド、オランダとの戦争に突入した。

孤立したフランスは1713年にユトレヒト条約を結んで講和へと踏み切り、フィリップの王位継承と引き換えに、フランスとスペインの合邦を永久に禁止され、海外領土の多くをイギリスに割譲することとなった。

ルイ14世の戦争

南ネーデルラント継承戦争	1667-1668	スペイン領ネーデルラントの領有権を主張。
オランダ侵略戦争	1672-1678	南ネーデルラント継承戦争の復讐。
ファルツ継承戦争	1688-1697	ファルツ選帝侯領の継承権を主張。
スペイン継承戦争（アン女王戦争）	1701-1713（1702-1713）	スペイン王継承権を主張。※スペイン継承戦争に準じて北米植民地で展開。

POINT 3

1707年 宝永の大噴火

宝永の大噴火は、現在記録されている富士山の最新の噴火である。富士山の東南斜面からの噴火で、溶岩の下降はなかったものの、噴煙は上空20kmに達し、関東一円に火山灰が降り注いだという。

降灰による農作物の被害は大きく、小田原藩では自力での復興を無理と判断し、領地の半分を幕府に差し出して救済を求めたほどであった。

どんな時代だった？

江戸幕府の年貢収入が180万石に達した頃、マリー・アントワネットとルイ16世が結婚

徳川吉宗が定免法《じょうめんほう》を定めて年貢量を安定させた結果、幕府の年貢収入は、1744年に180万石に達した。

この頃、清では康熙帝・雍正帝と名君が続いたのち、1735年に乾隆帝《けんりゅうてい》が即位し最盛期を迎えた。

ヨーロッパでは、オーストリアのマリア・テレジアとプロイセンのフリードリヒ2世が、オーストリア継承戦争に続き七年戦争を戦い、熾烈《しれつ》な争いを繰り広げている。マリア・テレジアはプロイセンへの対抗策としてフランスに接近。フランスの王太子ルイ（ルイ16世）と娘のマリー・アントワネットを結婚させた。

用語解説　御三卿

江戸時代中期に将軍家から分立した徳川姓をもつ田安・一橋《ひとつばし》・清水の3家で、水戸《みと》・尾張《おわり》・紀州《きしゅう》の御三家《ごさんけ》の次席とされ、将軍に継嗣のないときは将軍家を継いだ。田安家は8代将軍吉宗の次男宗武《むねたけ》から、一橋家は同四男宗尹《むねただ》から、清水家は9代将軍家重の次男重好《しげよし》から出ており、将軍は吉宗の血脈で占められることとなる。

歴史の舞台ウラ　田沼意次の政治

賄賂政治家ともいわれる田沼意次だが、賄賂は当時の習慣だった。株仲間の公認などは重商主義政策として評価される。権力と商人との接近は否定できないが、のちの松平定信政権による政治喧伝により、悪いイメージが固定された。

田沼意次の政治

性　格	重商主義
施　策	株仲間の積極的公認 幕府による専売制の開始 長崎貿易の制限緩和（俵物） 蝦夷地開発計画 印旛沼・手賀沼の干拓

日本のできごと

1731年（享保16）
▼徳川**御三卿**《ごさんきょう》のひとつ、田安《たやす》家が創設される。

1732年（享保17）
▼享保の大飢饉《ききん》が起こる。

1735年（享保20）
▼青木昆陽《あおきこんよう》が、サツマイモの性質・栽培法などを記した『蕃薯考《ばんしょこう》』を著す。

1742年（寛保2）
▼大岡忠相らが公事方御定書《くじがたおさだめがき》を編纂し、裁判の基準とする。

POINT 2
1744年（延享元）
▼**幕府の年貢収入が180万石に達する。**

1753年（宝暦3）
▼薩摩《さつま》藩に木曽川・長良川《ながらがわ》・揖斐川《いびがわ》の分流工事が命じられる。

1758年（宝暦8）
▼朝廷の尊王論者が幕府に処罰される（宝暦《ほうれき》事件）。

1764年（明和元）
▼幕府、俵物《たわらもの》の生産を奨励する。

1767年（明和4）
▼田沼意次《たぬまおきつぐ》が側用人となる。

江戸時代

世界のできごと

1732年
▼北アメリカ13州植民地が成立。

1735年
▼清で乾隆帝が即位する。

POINT 1
1740年
▼**神聖ローマ皇帝カール6世が死去し、オーストリア継承戦争が勃発する。**

1743年
▼メディチ家の直系が絶える。

1755年
▼**清がジュンガル部を平定する。**

POINT 3
1756年
▼七年戦争が勃発する。

1757年
▼プラッシーの戦いで、イギリスがフランスをインドから駆逐する。

1762年
▼ロシアでクーデターによりエカチェリーナ2世が即位する。

1765年
▼イギリスで印紙法が成立。植民地に増税を行う。

1770年
▼フランスの王太子ルイとマリー・アントワネットが結婚する。

豆知識　外交革命

七年戦争に先立って、プロイセンとの戦いを優位に進めるためにマリア・テレジアがフランスに提携を呼びかけ、フランスが応じたことで、イタリア戦争以来続いてきたフランスとハプスブルク家の対立関係が解消される。これを外交革命とよぶ。

豆知識　メディチ家の遺産

トスカーナ大公を世襲してきたメディチ家は、ジャン・ガストーネを最後に1737年、断絶する。同家最後の生き残りとなったアンナ・マリア・ルイーザは、メディチ家が集めた美術品をフィレンツェから持ち出さないことを条件に市政府に寄贈。これによりウフィツィ美術館が生まれた。

歴史の現場

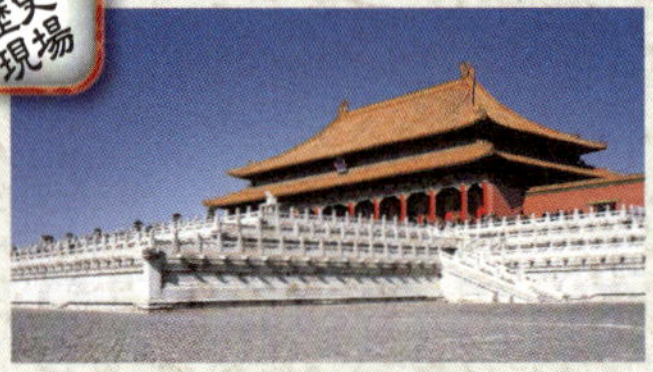

清朝の歴代皇帝が政務を執った紫禁城。

3ポイントでわかる！ 18世紀中期（1731～1770年）

POINT 3　1755年　清の乾隆帝がジュンガル部を平定

中国本土を制圧した清は、康熙帝、雍正帝、乾隆帝と名君が続くなかで勢力を拡大。乾隆帝は、1755年のジュンガル部平定を皮切りに10回の遠征を敢行し、すべてで成功を収めた。

結果、清は漢や唐と比べても数倍の領土をもつ大帝国へと発展した。

POINT 1　1740年　オーストリア継承戦争が勃発

神聖ローマ皇帝カール６世の没後、娘のマリア・テレジアがハプスブルク家を継承すると、これを不服とするバイエルン、ザクセン、スペインにプロイセンとフランスが加わってオーストリア継承戦争が勃発する。

窮地に追い込まれたマリア・テレジアは、ハンガリー議会へ自ら赴いてハンガリー貴族たちに支援を訴える。これを機にハンガリーがハプスブルク家の支援に回り、ハプスブルク家は劣勢を挽回。1748年、アーヘンの和約によって、マリア・テレジアのハプスブルク家継承権が承認された。

POINT 2　1744年　幕府の年貢収入が180万石に達する

享保の改革のなかで、その年の収穫から年貢率を決める従来の検見法《けみほう》を改め、一定期間同じ年貢率を続け、凶作以外には年貢率を変えない定免法を採用した。

この結果、幕府領の年貢収納量が上昇し、もともと平均140万石であった収納量が、1744年には180万石に達した。

ヨーロッパの戦争と植民地戦争

勃発年＼地域	ヨーロッパの戦争	北米植民地戦争（北米植民地）
1688年	ファルツ継承戦争	ウィリアム王戦争（北米植民地）
1701年	スペイン継承戦争	アン女王戦争（北米植民地）
1740年	オーストリア継承戦争	ジョージ王戦争（北米植民地）
1756年	七年戦争	フレンチ・インディアン戦争（北米植民地）
1757年		プラッシーの戦い（インド）
1763年		カーナティック戦争（インド）

どんな時代だった?

寛政の改革が始まった頃、アメリカが独立し、フランス革命が勃発!

1772年に老中《ろうじゅう》に就任した田沼意次は、商業中心の重商主義政策を展開して、財政危機の打開に当たったが、1782年の天明《てんめい》の大飢饉《だいききん》に際して発生した江戸の打ちこわしによって失脚した。その後、幕政は松平定信《まつだいらさだのぶ》へと受け継がれ、緊縮財政の寛政《かんせい》の改革が始まる。

当時のヨーロッパでは、2つの革命によって歴史の転換点を迎えていた。イギリス本国からの課税に際して北米13植民地が反発し、1775年にアメリカ独立革命が勃発。さらにフランスにおいては、1789年7月14日、フランス革命が起こり王政が倒れた。

豆知識 天明の打ちこわし

天明年間(1781～1789)に発生した近世最大級の飢饉「天明の飢饉」の余波を受け、1787年5月に江戸、大坂などで大規模な打ちこわしが発生。諸国の主要な城下・港町へと波及した。結果、幕府内部で松平定信を推す譜代《ふだい》が、すでに失脚していた田沼意次の復権を狙う派閥との争いに勝利し、倹約方針をとる寛政の改革が始まることになった。

歴史の現場

家斉の娘・溶姫が嫁入りした際に、金沢藩前田家上屋敷に築かれた門が現在の東京大学の赤門である。

豆知識 人足寄場のその後

田沼意次の時代に抜擢された「鬼平」こと長谷川平蔵が1790年、無宿人の更正のために発案し建設された石川島の人足寄場《にんそくよせば》は明治維新後、石川島監獄署となり、1895年に巣鴨へ移転。さらに戦後、府中刑務所となった。

日本のできごと

1771年(明和8)
▼御蔭参り《おかげまいり》(伊勢神宮《いせじんぐう》への集団参詣)が流行する。

1772年(明和9)
▼田沼意次が老中に就任。

1782年(天明2)
▼田沼意次が印旛沼《いんばぬま》・手賀沼《てがぬま》の干拓を試みるも、失敗する。
▼天明の大飢饉が起こる。

1786年(天明6)
▼10代将軍・家治《いえはる》の死に伴い、徳川家斉《いえなり》が将軍職を継承。
▼**田沼意次が失脚する。** POINT 2

1787年(天明7)
▼天明の打ちこわしが起こる。
▼松平定信が老中首座に就任し、寛政の改革が始まる。

1792年(寛政4)
▼大黒屋光太夫《だいこくやこうだゆう》と共にロシアのラクスマンが根室《ねむろ》に来航。

1798年(寛政10)
▼幕臣・近藤重蔵《こんどうじゅうぞう》が択捉島《えとろふとう》を探査する。

1800年(寛政12)
▼伊能忠敬《いのうただたか》が蝦夷地を測量する。

江戸時代

世界のできごと

1772年
▼第一次ポーランド分割。

1773年
▼ボストン茶会事件が起こる。

1775年
▼**アメリカ独立革命が勃発する。** POINT 1

1783年
▼パリ条約でイギリスがアメリカ独立を承認する。

1789年
▼**7月14日、フランス革命が起こる。** POINT 3

1792年
▼フランスで王権が停止。共和政が宣言される。

1793年
▼ルイ16世が処刑される。
▼ジャコバン派がフランス国政の実権を握る。

1794年
▼テルミドール9日のクーデター。
総裁政府が成立。

1796年
▼清で白蓮教徒《びゃくれん》の乱が起こる。

1799年
▼ナポレオンが統領政府を樹立する。

豆知識 フランス国歌の始まり

1791年にフランス王権の回復とルイ16世の救援を諸国君主に呼びかけるピルニッツ宣言が出されると、翌年4月にフランス革命政府はオーストリアへ宣戦布告。このとき、パリへやってきたマルセイユからの義勇兵が口ずさんでいた『ストラスブール国境警備隊の歌』が、のちの『ラ・マルセイエーズ』。現在のフランス国歌である。

歴史の舞台ウラ バスティーユが襲われた理由

フランス革命勃発の発端となったのは、〝圧政の象徴〟バスティーユ牢獄襲撃。しかし当時、政治犯どころか囚人自体がほとんどいなかった。実は当時のバスティーユは武器貯蔵庫となっており、パリ市民の目的は武器を手に入れることだった。

歴史の現場

独立宣言が行われたフィラデルフィアのアメリカ独立記念ホール。

3 ポイントでわかる!

18世紀後期(1771～1800年)

POINT 3 1789年 フランス革命が起こる

ルイ14世からルイ15世の時代にかけての宮廷での浪費、および度重なる侵略戦争の戦費により国家財政が破綻《はたん》したフランスでは、特権身分への課税をめぐり三部会が招集された。すると、貴族(第1身分)・聖職者(第2身分)と市民階層(第3身分)が会議の議決方法をめぐって衝突。第3身分は国民議会を結成して憲法制定まで解散しないことを誓う。

しかし、7月11日、国王ルイ16世が財務長官ネッケルを罷免すると、民衆の怒りが爆発し、パリの群衆が旧体制の象徴ともいえるバスティーユ監獄を襲撃。フランス革命が勃発した。

その後の革命は国王が処刑されて旧来の政治システムが否定され、フランス社会を根底から覆す転換点となった。

ボストン茶会事件
1773年、茶に対する課税に反発した植民地の民衆が、入港したイギリス船に乗り込み、東インド会社の茶箱を海に投棄する
プロイセン
北海
グレート＝ブリテン
(神聖ローマ)
ポーランド
フランス
ハプスブルク
1772年、第一次ポーランド分割により、ロシア、プロイセン、ハプスブルクがポーランド領の一部を接収
1783年、ロシアがクリミアを併合し、黒海の要衝を得る
支援の影響で深刻な財政難に……
英領北米植民地
イギリスの弱体化を狙い、支援
1783年 アメリカ独立!
アメリカ独立を支持し、武装中立同盟を提唱してイギリスを孤立させる
大西洋
黒海
カスピ海
地中海
オスマン
アフシャール朝
アラビア海
ロシア帝国
漂流民・大黒屋光太夫をラクスマンに送り届けさせ、通商の交渉を行う
ハルハ部
ジュンガル部
チャハル部
回部
ワラ部
通信使を送る
李氏朝鮮
清
貿易
日本
ムガル帝国
コウバウン朝
黎朝
広南朝
シャム(アユタヤ朝)
カンボジア王国
マラーター同盟
ニザム
マイソール王国
太平洋

POINT 1 1775年 アメリカ独立革命が勃発

フランスとの度重なる植民地戦争の戦費を、北米植民地への課税で賄おうとするイギリス本国に対して不満を募らせた北米植民地の人々は、1773年12月にボストン茶会事件を起こすと、1775年、レキシントン・コンコードにてイギリス軍との間に戦端を開いた。

当初劣勢を強いられた植民地軍であったが、イギリスの弱体化を期待するヨーロッパ諸国がこれに味方したこともあり、次第に形勢が逆転。1781年のヨークタウンの戦いに勝利して事実上の独立を果たすと、正式に独立が承認された。

POINT 2 1786年～ 田沼意次が失脚し、寛政の改革へ

米価の下落によって税収が落ち込んだ宝暦期(1751～1763)、老中として幕政の実権を握った田沼意次は、発展しつつあった商品経済に目をつけ、商業重視の政策をとった。

株仲間を奨励して専売制を導入。長崎貿易を振興する一方、大商人の資金を活用して印旛沼・手賀沼の開発に着手。蝦夷地開拓も進めようとしたが、天明の大飢饉に伴う打ちこわしが続発。結果、田沼は失脚へと追い込まれ、倹約を励行する寛政の改革が始まる。

どんな時代だった？

幕府が外国船の来航に揺れていた頃、フランスでナポレオンが帝位についた！

19世紀初頭、ロシア使節レザノフが交易を求めたのを皮切りに、フェートン号事件などの外国船来航事件が頻《ひん》発《ぱつ》する。そうしたなか、幕府は伊能忠敬の全国測量を後押しして1821年に『大《だい》日《に》本《ほん》沿《えん》海《かい》輿《よ》地《ち》全《ぜん》図《ず》』を完成させる。1828年にはこの地図を含めた日本の物品をオランダへ持ち帰ろうとしたシーボルトが摘発されている。

この頃、ヨーロッパの動乱の中心となっていたのが、フランスのナポレオンである。ナポレオンは周辺諸国を影響下に置く一方、私有財産の絶対性を認めた『フランス民法典（ナポレオン法典）』を編纂した。

歴史の舞台ウラ　水野忠邦の出世

譜代の唐津藩に生まれた忠邦は同族の水野忠成を味方につけ、賄賂戦術で浜松藩への転《てん》封《ぽう》を勝ち取る。その後も藩の資金から2000両もの大金を賄賂に使いながら、京都所司代、西丸老中などを歴任。忠成の没後、将軍家斉のもとで老中首座に上り詰めた。

豆知識　伊能地図の正確性

伊能忠敬は測量の際、歩幅によって子午線の長さを算出した。その長さは3万9870km。今日の科学的な測量のもとに算出された長さは4万700kmであるから、歩幅によって計測した数値の誤差としては驚異的といえる。

歴史の舞台ウラ　フェートン号が来た理由

日本が国交を結ぶオランダは、当時ナポレオンの支配下にあった。イギリスの大型軍艦フェートン号の目的は戦争状態にあるオランダの船を拿《だ》捕《ほ》するためで、日本はナポレオン戦争の余波を受けたことになる。

日本のできごと

（江戸時代）

1804年（文化元）　POINT 1
▼**ロシア使節レザノフ、長崎に来航し通商を要求する。**

1808年（文化5）
▼間《ま》宮《みや》林《りん》蔵《ぞう》が樺《から》太《ふと》を探検。
▼イギリスの軍艦が長崎に侵入（フェートン号事件）。

1811年（文化8）
▼ロシア艦長ゴロウニンが国《くな》後《しり》島《とう》で捕らえられる。

1821年（文政4）
▼『大日本沿海輿地全図』が完成。

1825年（文政8）
▼異《い》国《こく》船《せん》打《うち》払《はらい》令《れい》が出される。

1828年（文政11）
▼シーボルト事件が起こる。

1830年（文政13）
▼御蔭参りが流行し、500万人が伊勢神宮に参拝する。

1837年（天保8）
▼大《おお》塩《しお》平《へい》八《はち》郎《ろう》の乱が起こる。
▼モリソン号事件が起こる。

1841年（天保12）
▼水《みず》野《の》忠《ただ》邦《くに》が天《てん》保《ぽう》の改革に着手する。

1842年（天保13）
▼薪《しん》水《すい》給《きゅう》与《よ》令《れい》が出される。

世界のできごと

1804年　POINT 2
▼**フランスでナポレオンが帝位につく。**

1805年
▼トラファルガー海戦でネルソンがフランス艦隊を破る。

1806年
▼ライン同盟の成立により、神聖ローマ帝国が消滅する。

1812年
▼ナポレオン、ロシア遠征に失敗。

1814年　POINT 3
▼**ウィーン会議が開催される。**

1815年
▼ナポレオン、ワーテルローの戦いに敗れ、セント・ヘレナ島に流される。

1821年
▼ギリシア独立戦争が勃発（東方問題始まる）。

1830年
▼七月革命でシャルル10世が退位。フランスに立憲君主制が成立。

1840年
▼イギリスと清の間でアヘン戦争が勃発する。

1848年
▼フランスで二月革命が起きる。

豆知識　ライン同盟

1806年に結成された西南ドイツ諸邦の同盟がライン同盟である。ただし、盟主はフランスのナポレオンであることからわかるように、プロイセン・オーストリアに対抗するための傀《かい》儡《らい》的な同盟であった。

同時に西南ドイツの16邦が神聖ローマ帝国からの離脱を宣言してフランツ2世が退位したことで、神聖ローマ帝国は844年の歴史に幕を下ろした。一方フランツ2世はハプスブルク家の支配領域にあたるオーストリアとハンガリーを中心に帝国を再編し、オーストリア帝国の皇帝フランツ1世として君臨することとなる。

歴史の現場

トラファルガーの海戦においてネルソンが座乗していた戦列艦ヴィクトリー号。

3ポイントでわかる！ 19世紀前期（1801～1850年）

ナポレオンは全ヨーロッパの支配をめざして各国への遠征を敢行。イギリス、ロシアなどのごく一部の国家を除き、ほとんどがナポレオンの支配下に置かれた。ナポレオンはロシア遠征に敗れて失脚するが、自由・平等・民族自決の概念が各地に広まる
北海
グレート＝ブリテン
プロイセン
ハプスブルク
フランス
スペイン
サルデーニャ
オスマン帝国領を侵略し、南下
ロシア帝国
ナポレオン戦争後、不凍港を求めて南下を本格化。次の時代の争点になる(→P101)
ハルハ部
ジュンガル部
チャハル部
回部
ワラ部
清
李氏朝鮮
欧米の通商要求を拒み続ける
日本
オスマン帝国
カジャール朝
シク教国
ムガル帝国
コンバウン朝
黎朝
広南朝
カンボジア王国
シャム(アユタヤ朝)
マラーター同盟
ニザム
マイソール王国
インド洋
1823年、モンロー宣言を行ってヨーロッパ諸国の干渉を排除する
アメリカ合衆国
モンロー宣言！
相互不干渉
対ヨーロッパ
1829年、ギリシャがオスマン帝国から独立！
エジプト総督ムハンマド・アリーによる独立の動きが進む
シモン・ボリバル、サン・マルティンらによって、ベネズエラ、大コロンビアなどが次々にスペインから独立する
太平洋
大西洋

POINT 3 1814年 ウィーン会議

ナポレオン失脚後の秩序を決定するウィーン会議は、オーストリアの宰相メッテルニヒ主導のもとで行われた。しかし、イギリス、フランス、オーストリア、ロシア、プロイセンといった参加国の利害が衝突し、結論が出ないまま、舞踏会や晩餐《ばんさん》会などが連日開催され、「会議は踊る、されど進まず」と揶揄《やゆ》された。

だが3月、ナポレオンがエルバ島を脱出すると、フランスの代表タレーランが唱える、フランス革命以前の各王朝の支配体制と領土を正統とする「正統主義」が基本原則として採用され、諸国の勢力均衡を図りながら領土分割が定められた。

POINT 2 1804年 ナポレオン、帝位につく

ブリュメール18日のクーデターで総裁政府を打倒し統領政府を樹立したナポレオンは、オーストリアと戦端を開いてマレンゴの戦いに勝利する一方、ローマ教皇との間にコンコルダート（宗教協約）を結ぶ。またイギリスとの間にアミアンの和約を結んでヨーロッパに平和をもたらした。

こうした実績を背景に終身統領となったナポレオンは、私有財産の不可侵や契約の自由などを盛り込んだ『フランス民法典』を編纂すると、1804年5月、国民投票で帝位についた。戴冠式は同年12月に行われ、ローマ教皇から帝冠を奪い自らの手で戴冠して見せた。

POINT 1 1804年 ロシア使節レザノフ、長崎に来航

アレクサンドル1世の書簡を携え、漂流民を伴って長崎に来航したレザノフは、江戸幕府に対して通商を求めたが、あっさり拒絶されてしまう。

すると、帰路、蝦夷地周辺を攻撃して幕府を震撼《しんかん》させた。以後、幕府は蝦夷地に松前奉行を置いて防備を固め、ロシアの再来に備えたが、フェートン号事件やゴロウニンの来航など、度重なる外国船の来航に苦慮することとなる。

19世紀 後期 1851〜1900年

どんな時代だった？

大日本帝国憲法が発布された頃、ドイツが普仏戦争に勝利して統一を達成！

1854年に開国した日本は、1867年10月、大政《たいせい》奉還《ほうかん》によって明治維新を迎えた。廃藩置県《はいはんちけん》によって封建社会から近代国家へと生まれ変わり、1889年には大日本帝国憲法が発布。1894年には朝鮮独立問題をめぐって日清《にっしん》戦争を戦い、これに勝利する。

ヨーロッパでは、ロシアが南下政策を推進してオスマン帝国への侵略を進め、東方問題を引き起こしていた。また、ドイツとイタリアの統一運動が、それぞれサルデーニャ王国とプロイセン王国の主導で進められ、1870年にイタリアが、1871年にドイツがそれぞれ統一された。

歴史の舞台ウラ

征韓論の真実

西郷隆盛が下野したのは、征韓論に敗れたためとされてきたが、実は西郷は征韓論を唱えていない。西郷が主張したのは朝鮮への使節派遣であり、自分が殺害されることで「朝鮮と戦う機会を得る」ためだったといわれる。

豆知識

廃藩置県の意味

版籍奉還という布石を打ったうえで断行された廃藩置県は、中央集権国家を樹立するために藩という地方政権を解体し、地方行政機関に変える〝革命〟であった。これにより藩主がもっていた立法権と徴税権が取り上げられ、封建制度が解体された。

歴史の現場

大政奉還の舞台となった京都の二条城。

日本のできごと

1853年（嘉永6）
▼ペリーが浦賀《うらが》に来航。翌年3月、日米和親条約を締結。

1858年（安政5）
▼日米修好通商条約締結。

1866年（慶応2）
▼薩長同盟が成立する。

1867年（慶応3）
▼15代将軍・徳川慶喜《よしのぶ》が朝廷に大政奉還を奏上する。

江戸時代

1871年（明治4）
▼廃藩置県が行われる。

1874年（明治7）
▼台湾出兵が行われる。

1877年（明治10）
▼西南戦争が勃発。

1885年（明治18）
▼内閣制度が成立。

1889年（明治22）
▼**大日本帝国憲法発布。** POINT 3

1894年（明治27）
▼日清戦争が勃発する。

1895年（明治28）
▼下関《しものせき》条約が調印される。
▼ドイツ、ロシア、フランスによる三国干渉が行われる。

明治時代

世界のできごと

1851年
▼洪秀全《こうしゅうぜん》が太平天国《たいへいてんごく》建国を宣言。

1853年
▼クリミア戦争が勃発する。

1857年
▼インドでセポイの反乱が勃発。

1861年
▼アメリカで南北戦争が勃発。

1863年
▼アメリカ大統領リンカーンが奴隷解放を宣言する。

1869年
▼エジプトでスエズ運河が開通。

1870年
▼イタリアが統一される。
▼普仏《ふふつ》戦争が勃発する。

1871年
▼**ドイツ帝国が成立する。** POINT 1

1875年
▼イギリスがスエズ運河会社株を買収する。

1878年
▼**ベルリン会議が開催される。** POINT 2

1898年
▼西太后《せいたいごう》ら保守派が変法運動を弾圧（戊戌《ぼじゅつ》の政変）。

1900年
▼義和団《ぎわだん》事件が起こる。

用語解説

東方問題

ギリシア独立戦争など、オスマン帝国の衰退に乗じて激化した諸民族の独立運動に、西欧列強が干渉して起こった国際問題を東方問題とよぶ。ロシアが不凍港を狙って地中海への南下を企図したのに対し、英仏などがこれを阻止すべく推移。露土戦争やクリミア戦争などを引き起こした。

歴史の舞台ウラ

奴隷解放はしていない？

リンカーンは奴隷解放のために戦ったと思われがちであるが、実際は違う。リンカーンにとって南北戦争の目的はあくまで連邦制の維持にあり、大統領選出馬当時も、南部の奴隷制度を容認している。ただし、これはカリフォルニア州成立時の〝国民的合意〟であってリンカーン個人の考えではない。〝戦争か、奴隷制維持か〟という意味で戦争の回避を優先したに過ぎないもので、本来のリンカーンはあくまで奴隷解放論者であった。

3 ポイントでわかる!

19世紀後期 (1851～1900年)

POINT 1 1871年 ドイツ帝国が成立

宰相ビスマルク主導のもと、プロイセンは軍事大国化とドイツ統一を進め、デンマーク戦争(1864年)、普墺《ふおう》戦争(1866年)に勝利した。さらに1870年にドイツ統一の最後の障害となっていたフランスと開戦し、ナポレオン3世をセダンの戦いで捕らえるなど圧勝。

1871年1月には、フランスのヴェルサイユ宮殿でヴィルヘルム1世の戴冠式が行われ、ドイツ帝国が成立した。

ドイツ・イタリアの独立
ノルウェー
スウェーデン
ロシア帝国
イギリス
オランダ
ベルリン
ロンドン
ベルギー
ルクセンブルク
ドイツ帝国
オーストリア＝ハンガリー二重帝国
パリ
ウィーン
フランス
ポルトガル王国
スイス
トリノ
オスマン帝国
イタリア王国
スペイン王国
ローマ

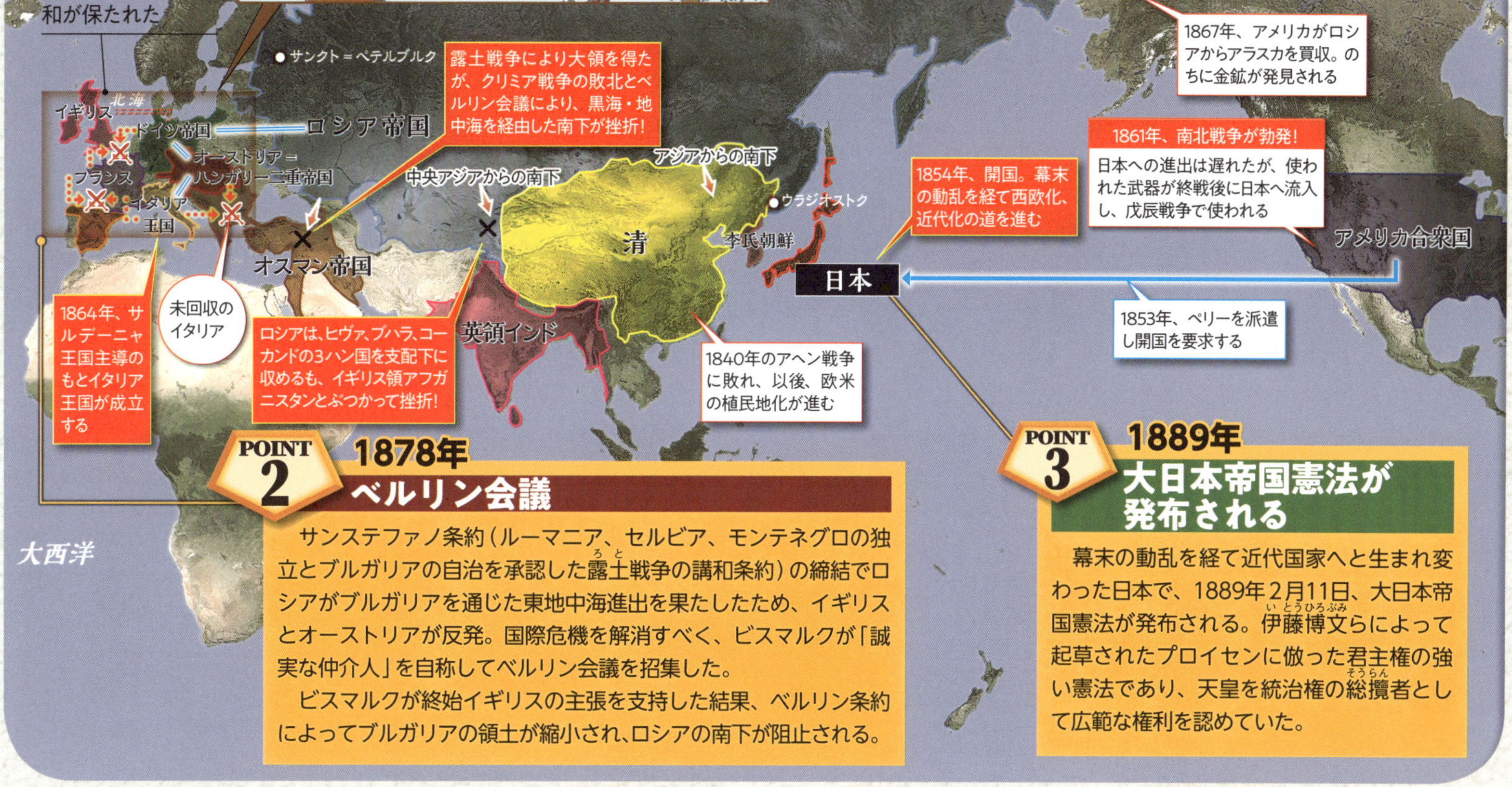
1890年のビスマルク辞任まで、フランスの孤立と列強の勢力均衡が維持され平和が保たれた
サンクト＝ペテルブルク
北海
イギリス
ドイツ帝国
ロシア帝国
オーストリア＝ハンガリー二重帝国
フランス
イタリア王国
オスマン帝国
露土戦争により大領を得たが、クリミア戦争の敗北とベルリン会議により、黒海・地中海を経由した南下が挫折!
中央アジアからの南下
アジアからの南下
ウラジオストク
清
李氏朝鮮
日本
英領インド
1864年、サルデーニャ王国主導のもとイタリア王国が成立する
未回収のイタリア
ロシアは、ヒヴァ、ブハラ、コーカンドの3ハン国を支配下に収めるも、イギリス領アフガニスタンとぶつかって挫折!
1840年のアヘン戦争に敗れ、以後、欧米の植民地化が進む
1854年、開国。幕末の動乱を経て西欧化、近代化の道を進む
1867年、アメリカがロシアからアラスカを買収。のちに金鉱が発見される
1861年、南北戦争が勃発!
日本への進出は遅れたが、使われた武器が終戦後に日本へ流入し、戊辰戦争で使われる
アメリカ合衆国
1853年、ペリーを派遣し開国を要求する
大西洋

POINT 2 1878年 ベルリン会議

サンステファノ条約(ルーマニア、セルビア、モンテネグロの独立とブルガリアの自治を承認した露土《ろと》戦争の講和条約)の締結でロシアがブルガリアを通じた東地中海進出を果たしたため、イギリスとオーストリアが反発。国際危機を解消すべく、ビスマルクが「誠実な仲介人」を自称してベルリン会議を招集した。

ビスマルクが終始イギリスの主張を支持した結果、ベルリン条約によってブルガリアの領土が縮小され、ロシアの南下が阻止される。

POINT 3 1889年 大日本帝国憲法が発布される

幕末の動乱を経て近代国家へと生まれ変わった日本で、1889年2月11日、大日本帝国憲法が発布される。伊藤博文《いとうひろぶみ》らによって起草されたプロイセンに倣った君主権の強い憲法であり、天皇を統治権の総攬《そうらん》者として広範な権利を認めていた。

20世紀 前期 1901〜1930年

どんな時代だった？

日露戦争で日本がロシアを破った頃、ヨーロッパは第一次世界大戦へと突き進む！

日清戦争に勝利した日本であったが、1904年、今度は極東方面での南下を進めるロシアと朝鮮・満洲《まんしゅう》（現中国東北部）の権益をめぐって日露《にちろ》戦争を戦う。これに勝利を収めた日本は、第一次世界大戦でも広大な領土を獲得し、絶頂期を迎えた。

清は1911年、辛亥革命《しんがいかくめい》が勃発して滅亡。中華民《ちゅうかみん》国《こく》が建国される。ヨーロッパでは列強の対立が限界点を超え、ドイツ・オーストリアを中心とする同盟国と英《えい》仏露《ふつろ》を中心とする協商国が、1914年6月のサライェヴォ事件を機に戦端を開き、第一次世界大戦が開戦した。

日本のできごと

1904年（明治37）
▼日露戦争が勃発する。

1905年（明治38）
▼日本の連合艦隊がロシアのバルチック艦隊に壊滅的打撃を与える（日本海海戦）。
POINT 1 ▼**ポーツマス条約が結ばれ、日露戦争が終結する。**

1909年（明治42）
▼伊藤博文がハルビンで暗殺される。

1914年（大正3）
▼第一次世界大戦に参戦する。

1915年（大正4）
▼日本が中国に対華二十一か条要求を提出する。

1918年（大正7）
▼8月、シベリア出兵始まる。

1920年（大正9）
▼日本が国際連盟に加盟。常任理事国となる。

1923年（大正12）
▼9月、関東大震災が起こる。

1930年（昭和5）
▼ロンドン海軍軍縮条約が締結される。

明治時代｜大正時代｜昭和時代

世界のできごと

1911年
POINT 2 ▼**辛亥革命が勃発。（翌年、清朝が滅び、中華民国が建国される。）**

1912年
▼第一次バルカン戦争が勃発する。

1914年
POINT 3 ▼**サライェヴォ事件の翌月、第一次世界大戦が勃発。**

1917年
▼ロシア革命が起こり、ロマノフ朝が崩壊する。

1918年
▼ヴィルヘルム2世が退位し、ドイツ共和国宣言が行われる。

1919年
▼ヴェルサイユ条約が締結される。

1921年
▼ワシントン会議が開かれ、九か国条約・四か国条約・海軍軍縮条約が締結される。

1923年
▼トルコ共和国が成立する。

1928年
▼パリで不戦条約が締結される。

1929年
▼世界恐慌が起こる。

用語解説 シベリア出兵

第一次世界大戦中、ロシア軍に投降した4万5000のチェコ兵が、西部戦線へ移動中に鉄道沿線を占領して反共産革命の反乱を起こした。このチェコ兵救出を名目として連合国軍が1918年8月から行ったのがシベリア出兵。日本軍を主力にアメリカ、中国などが出兵し、反革命勢力を支持したが、1920年以降撤兵を開始。日本軍は最後まで残り批判を浴びた。

豆知識 軍縮の結果

ロンドン軍縮会議では、補助艦（巡洋艦、駆逐艦、潜水艦）保有比率がイギリス・アメリカ・日本で10・10・7弱と規定されたため、日本の軍部が強く反発し、軍国主義化の転換点となった。

歴史の現場

東京のランドマークだった浅草十二階（凌雲閣）も震災で崩壊した。

歴史の現場

ニューヨークのアメリカ連合銀行に集まった群衆。

豆知識 第二次世界大戦の伏線

ヴェルサイユ条約締結の結果、ドイツはすべての海外植民地を失い、軍備制限を強いられたうえでのちに1320億マルクという多額の賠償金を課せられた。

この人物が凄い！ 孫文（1866～1925年頃）

中国革命の指導者。革命を志し、1894年にハワイで興中会を結成。翌年に広州で武装蜂起を起こすも失敗し、日本へ亡命した。1905年、日本で中国同盟会を組織して革命諸勢力を結集すると、民族の独立、民権の伸長、民生の安定の三民主義を唱え、辛亥革命を経て中華民国を建国。臨時大総統に就任したが、袁世凱によってその地位を追われた。

3ポイントでわかる!

20世紀前期(1901～1930年)

POINT 2 1911年 辛亥革命が起こる

清朝による民営鉄道の国有化宣言を契機として10月10日、武昌《ぶしょう》蜂起が発生。清朝からの独立が宣言された。革命の火はたちまち中国全土に波及して11月末までに24省のうち14省が清朝からの独立を宣言する事態となる。

南京に集まった革命派と各省の代表は、孫文を臨時大総統に選出して1912年1月1日に中華民国の建国を宣言した。清朝は、北洋軍の実力者・袁世凱《えんせいがい》に鎮圧を命じるも、2月、袁は革命派との取引に応じて臨時大総統に就任し、清朝最後の皇帝・宣統帝《せんとうてい》(溥儀《ふぎ》)を退位させ、清を滅ぼしてしまった。

POINT 1 1905年 日露戦争の終結

1904年2月、日本海軍は、ロシアの軍艦が停泊する仁川港を襲撃して日露戦争が開戦。日本軍は陸海ともに大きな損害を出しながらも優位に戦いを進め、陸の奉天《ほうてん》会戦、海の日本海海戦での勝利をもって講和交渉が始まった。

ロシアは日本に朝鮮の保護権と遼東半島南部の租借権の譲渡、南満洲鉄道の利権、樺太南部の割譲などを認めたが、賠償金の支払いは拒否した。

POINT 3 1914年 第一次世界大戦勃発

1914年6月のサライェヴォ事件を機に、それまでくすぶっていた帝国主義諸国の対立が火を噴き、「史上初の総力戦」が勃発する。ドイツの攻勢によって始まった戦争は、新兵器の投入、総力戦などを原因として長期化したが、アメリカの参戦をもってドイツの敗勢が明白なものとなり、1918年11月に終結した。

しかし、ヴェルサイユ講和条約はドイツに対するフランスの報復と懲罰的性格が強く、第二次世界大戦の原因のひとつとなった。

20世紀 中期 1931〜1945年

どんな時代だった?

日本がアメリカに真珠湾攻撃を仕掛けた頃、ヨーロッパではすでに独ソ戦が始まっていた!

世界恐慌後、日本では大陸での権益拡大を求める機運が高まった。これをマスコミが煽《あお》るなか、日本は1931年には、現在の中国東北部で満洲事変《まんしゅうじへん》を起こし、満洲国を打ち立てた。以後、日米の対立が高まり、1941年12月、日本の真珠湾《しんじゅわん》攻撃によって、太平洋戦争が勃発した。

ヨーロッパでは1939年9月にドイツとソ連がポーランドに侵攻して第二次世界大戦が始まっていたが、この両国は日米が開戦する半年前に戦端を開いていた。当初は戦いを優位に進めていたドイツであったが、スターリングラードでの敗北を境に後退へと転じていく。

豆知識　真珠湾よりも早い開戦

日本の連合艦隊が、アメリカ太平洋艦隊の本拠地を攻撃した真珠湾攻撃よりも2時間早く陸軍部隊がマレー半島のコタバルに上陸し、イギリス軍と交戦している。太平洋戦争とはアメリカ側からの呼称であり、近年はアジア・太平洋戦争ともよばれている。

歴史の舞台ウラ　ノモンハン事件の真相

日ソ国境紛争であるノモンハン事件はこれまで日本軍が壊滅的被害を受けた一方的な敗戦として伝えられてきたが、ソ連崩壊後、実はソ連軍の方が大きな損害を出していたことが判明している。

歴史の現場

日中開戦の場となった盧溝橋。

日本のできごと

1931年（昭和6）
- 柳条湖《りゅうじょうこ》事件、満洲事変が勃発する。

1932年（昭和7）
- 五・一五事件が起こる。

1933年（昭和8）
- 日本、国際連盟を脱退。

1936年（昭和11）
- 2月、二・二六事件が起こる。

1937年（昭和12）
- 7月、盧溝橋《ろこうきょう》事件を機に、日中戦争が勃発する。

1939年（昭和14）
- ノモンハン事件が起こる。

1940年（昭和15）
- 日独伊三国同盟締結。
- 日本軍が仏領インドシナに進駐する（仏印進駐）。

1941年（昭和16）
- **12月8日、日本軍がハワイ真珠湾を奇襲攻撃。**（POINT 2）

1945年（昭和20）
- 3月10日、東京大空襲。
- 4月1日、沖縄にアメリカ軍が上陸。
- 8月、広島・長崎に原爆投下。
- 8月15日、ポツダム宣言を受諾。

昭和時代

世界のできごと

1933年
- ヒトラーがドイツの首相に就任する。
- **F・ルーズヴェルト**が第32代アメリカ大統領に就任。

1936年
- スペイン内戦が始まる。
- 西安《せいあん》事件が起こる。

1938年
- ミュンヘン会談が行われる。

1939年
- ドイツ・ソ連がポーランドに侵攻し、第二次世界大戦が勃発。

1940年
- フランスが降伏する。

1941年
- **独ソ戦が始まる。**（POINT 1）

1943年
- スターリングラードでドイツ軍が敗北する。
- カイロ会談が開かれる。

1944年
- 6月6日、ノルマンディー上陸作戦が始まる。

1945年
- **2月、ヤルタ会談が行われる。**（POINT 3）
- 5月、ドイツが無条件降伏。
- 10月、国際連合が発足する。

歴史の現場

ノルマンディーに上陸する連合国軍を迎え撃ったドイツ軍のトーチカ。

この人物が凄い!　フランクリン・ルーズヴェルト（1882〜1945年）

民主党出身のアメリカ第32代大統領。世界恐慌を受けての就任後、国家が経済に介入・統制して経済の立て直しを図るニューディール政策を実行して景気の回復に努める一方、対外的にはファシズムに対抗。ソ連を承認するなどした。

第二次大戦勃発後は戦争指導に当たり、4期目まで大統領を務めたが、任期中に病死した。

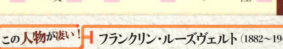

3ポイントでわかる！ 20世紀中期(1931～1945年)

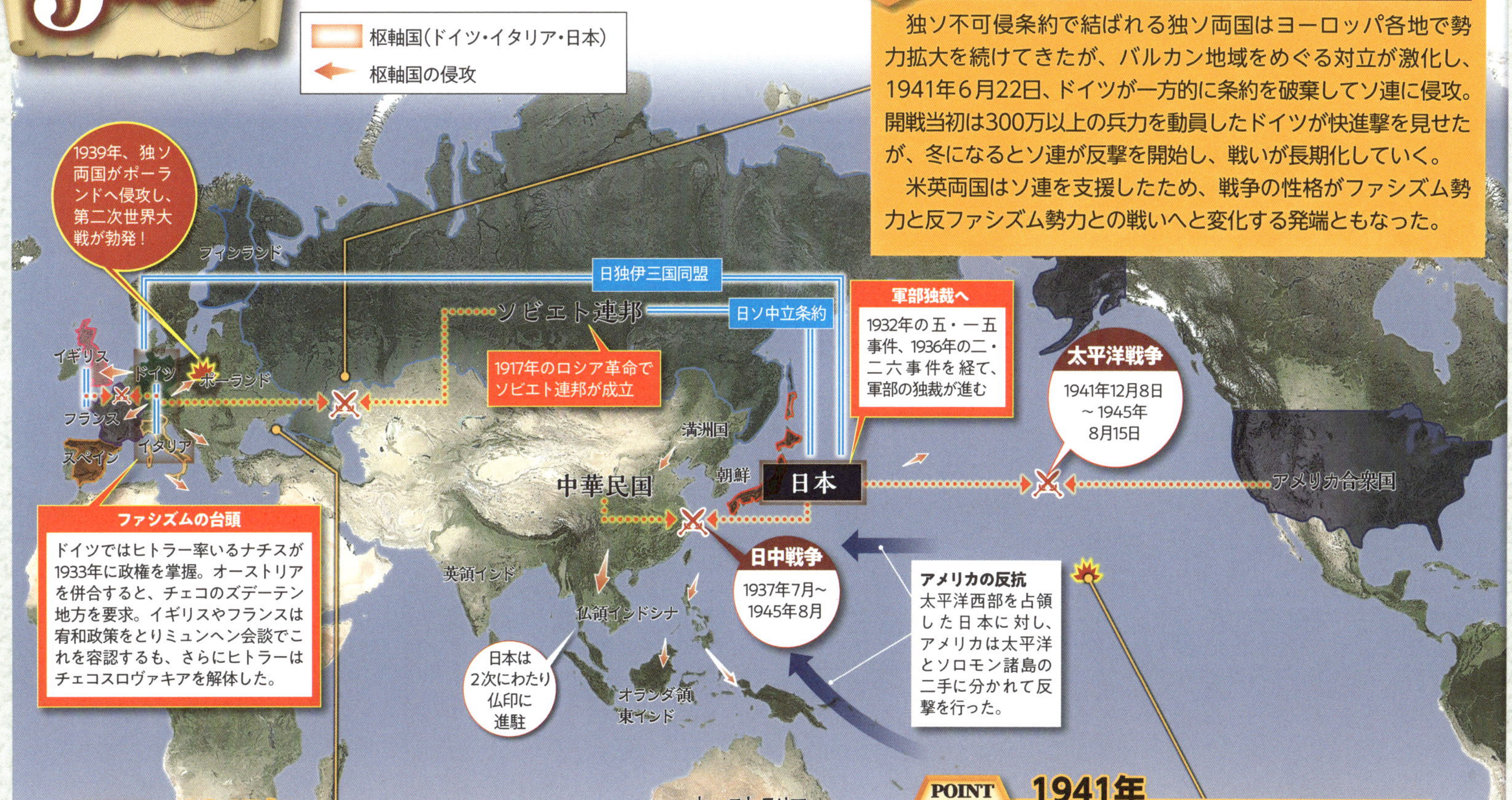

枢軸国(ドイツ・イタリア・日本)
枢軸国の侵攻
1939年、独ソ両国がポーランドへ侵攻し、第二次世界大戦が勃発！
フィンランド
日独伊三国同盟
ソビエト連邦
日ソ中立条約
イギリス
ドイツ
ポーランド
フランス
スペイン
イタリア
1917年のロシア革命でソビエト連邦が成立
軍部独裁へ
1932年の五・一五事件、1936年の二・二六事件を経て、軍部の独裁が進む
太平洋戦争
1941年12月8日～1945年8月15日
満洲国
朝鮮
日本
中華民国
アメリカ合衆国
ファシズムの台頭
ドイツではヒトラー率いるナチスが1933年に政権を掌握。オーストリアを併合すると、チェコのズデーテン地方を要求。イギリスやフランスは宥和政策をとりミュンヘン会談でこれを容認するも、さらにヒトラーはチェコスロヴァキアを解体した。
英領インド
日中戦争
1937年7月～1945年8月
仏領インドシナ
アメリカの反抗
太平洋西部を占領した日本に対し、アメリカは太平洋とソロモン諸島の二手に分かれて反撃を行った。
日本は2次にわたり仏印に進駐
オランダ領東インド
オーストラリア

POINT 1　1941年　独ソ戦の開始

独ソ不可侵条約で結ばれる独ソ両国はヨーロッパ各地で勢力拡大を続けてきたが、バルカン地域をめぐる対立が激化し、1941年6月22日、ドイツが一方的に条約を破棄してソ連に侵攻。開戦当初は300万以上の兵力を動員したドイツが快進撃を見せたが、冬になるとソ連が反撃を開始し、戦いが長期化していく。

米英両国はソ連を支援したため、戦争の性格がファシズム勢力と反ファシズム勢力との戦いへと変化する発端ともなった。

POINT 2　1941年　真珠湾攻撃

1941年12月8日早朝、日本海軍の連合艦隊は、空母4隻を中心とした機動部隊をアメリカ太平洋艦隊の基地であるハワイ真珠湾へと派遣。2次にわたる攻撃で、戦艦4隻を撃沈、4隻大破などの大損害を与えた。

だが、このときアメリカ軍の空母4隻は沖合に出ており、破壊することはできなかった。これがのちの戦局に大きく響くこととなる。

POINT 3　1945年　ヤルタ会談

1945年2月、ルーズヴェルト、チャーチル、スターリンがクリミア半島の保養地ヤルタにて会談。降伏後のドイツと東ヨーロッパの戦後処理が取り決められ、秘密協定としてソ連の対日参戦などが決定された。

一方でポーランド・バルカン問題でイギリスとソ連の対立が表面化し、戦後冷戦の伏線のひとつとなった。

どんな時代だった？

20世紀 中期 1946〜1972年

東京オリンピックが開催された頃、アメリカがベトナム戦争に介入！

戦後の日本では、極東軍事裁判や天皇の人間宣言が行われ、戦前の体制を否定する動きが進む。7年の占領時代を経て独立を回復した日本は戦後復興を進め、1964年の東京オリンピック開催を経て、1972年の沖縄返還を迎えた。世界では、米ソの対立を基軸とした冷戦構造が形成され、これに巻き込まれる形で朝鮮戦争やベトナム戦争などの代理戦争が起こった。一方で、中東ではイスラエル建国に端を発した中東戦争が4次にわたって続く。1972年には、中東戦争によって生まれたパレスティナ難民の過激派により、ミュンヘン・オリンピック事件が起こった。

日本のできごと

1946年（昭和21）
- 天皇人間宣言が出される。
- 極東国際軍事裁判が開廷。
- 日本国憲法が施行される。

1951年（昭和26）
- サンフランシスコ講和条約および日米安全保障条約に調印する。

1956年（昭和31）
- 日本が国際連合に加盟する。

1960年（昭和35）
- 池田勇人内閣の「国民所得倍増計画」発表。

1964年（昭和39）
- 東海道新幹線が開業する。
- POINT 2 **東京オリンピックが開催される。**

1970年（昭和45）
- 核不拡散条約に参加する。

1972年（昭和47）
- アメリカから沖縄の施政権が返還される。

昭和時代

世界のできごと

1946年
- インドシナ戦争が勃発。

1948年
- POINT 1 **イスラエルが建国を宣言し、第一次中東戦争が勃発。**

1949年
- 北大西洋条約機構（NATO）が成立する。
- 中華人民共和国が成立。
- ドイツが東西に分裂する。
- インドネシア連邦共和国が成立。

1950年
- 朝鮮戦争が始まる。

1955年
- ワルシャワ条約機構が成立する。

1965年
- POINT 3 **アメリカの介入により、ベトナム戦争が始まる。**

1956年
- 第二次中東戦争が勃発。

1966年
- 中国で文化大革命が始まる。

1967年
- 第三次中東戦争が勃発。イスラエルがエルサレム全域を占領する。

1972年
- ミュンヘン・オリンピック事件が起こる。

豆知識 弾丸列車と新幹線

東京オリンピック開催に合わせて開通した東海道新幹線であるが、構想自体は1908年に「弾丸列車構想」として計画されていた。1934年には満鉄が「あじあ号」という高速列車を開発し、国内の用地買収も進んでいたが、敗戦によって中断していたのである。

東海道新幹線の開業。

DVDガイド 『ゴジラ』

日本の東宝が1954年に公開した特撮怪獣映画『ゴジラ』に始まる一連のシリーズ。高い人気をよび、ハリウッドでも制作されたが、日本での設定は、ビキニ環礁の水爆実験の放射能を浴びて変貌した生物というものである。

豆知識 エルサレムの来歴

エルサレムは、ユダヤ教にとって古代イスラエル王国のダヴィデ王が都と定めた場所で、神を祀る神殿が建設された聖なる都。神殿の跡とされる「嘆きの壁」が最大の聖地となっている。

キリスト教にとってはイエスが十字架にかけられ、その後復活し、昇天した場所であり、聖墳墓教会がイエスの墓とされている。イスラーム教にとっては預言者ムハンマドが天をめぐり戻った地とされ、その場所が、現在の岩のドームのなかにある岩とされている。

歴史の現場

今も記念碑的に残される東西ドイツ分断の象徴「ベルリンの壁」。

3 ポイントでわかる！ 20世紀中期（1946～1972年）

ベルリン封鎖
1948年、ドイツの管理をめぐって西側諸国と対立したソ連が、西ベルリンへの交通を遮断。この事件を機にドイツの東西分裂が決定的に
東側の超大国として軍拡や宇宙開発を進める
国共内戦
1946年6月、国民党と共産党との軍事衝突本格化。国民党は徐々に支持を失い台湾へと追われ、1949年の中華人民共和国の成立へと至る
ドイツ民主共和国
ノルウェー
スウェーデン
ドイツ連邦共和国
オランダ
イギリス
ポーランド
ソビエト連邦
スペイン
フランス
スイス
ハンガリー
イタリア
ユーゴスラヴィア
トルコ
イラク
イラン
エジプト
サウジアラビア
パキスタン
インド
エチオピア
南アフリカ
1948年、ユーゴスラヴィアがコミンフォルムを除名され、独自の社会主義路線を歩む
中華民国
朝鮮民主主義人民共和国
大韓民国
日本
1945年～1951年 アメリカによる占領統治が行われる
1972年 沖縄返還
ベトナム民主共和国
タイ
フィリピン
ベトナム共和国
カンボジア
インドネシア
オーストラリア
朝鮮戦争
1950年、ソ連の後押しを受ける北朝鮮が韓国へ侵攻。アメリカを主力とする国連軍と中国の義勇軍が介入して1953年まで戦闘を続けた
インドシナ戦争
1945年、ベトナム民主共和国（首都ハノイ）が独立。これを認めないフランスが侵攻して戦争に発展。ディエンビエンフーの戦いでベトナムが決定的勝利を収めた
カナダ
西側の超大国として軍拡や宇宙開発を進める
アメリカ合衆国
メキシコ
キューバ
キューバ危機
1961年、社会主義宣言。翌年にソ連の核ミサイル基地の撤去をめぐり、米ソ間で核戦争の緊張が高まる
コロンビア
ペルー
ブラジル
ボリビア
チリ
パラグアイ
アルゼンチン

POINT 2　1964年 東京オリンピック

1940年大会の開催権を返上した東京は、戦後の1959年、1964年夏季大会開催地に立候補し、開催地に選出された。開催に向けては国立競技場や日本武道館、国立代々木競技場などの競技場整備のほかに、東海道新幹線の開業、環七通り・六本木通りの拡幅・整備など、インフラの整備が進んだ。

かくして1964年10月10日、東京オリンピックの開会式が挙行された。

POINT 1　1948年 中東戦争の勃発と難民

1947年、国連で人口割合にそぐわないパレスティナ分割案が可決されると、翌年の委任統治終了とともにイスラエルの建国宣言が行われた。アラブ諸国連盟はこれに反対して軍事行動を起こし、第一次中東戦争が勃発する。

イスラエルはこれを撃退したばかりか当初の分割案の1.5倍の領土を確保し、結果、パレスティナから100万人を超える人々が追放され、現代に続く難民問題が発生した。

POINT 3　1965年 アメリカのベトナム戦争介入

親米の南ベトナム政府軍と南ベトナム解放民族戦線の内戦が続くなか、1964年8月、トンキン湾事件が起こると翌年2月、アメリカは北ベトナム共和国から解放民族戦線への支援を絶つべく北爆《ほくばく》を開始。以後、介入の規模を拡大して大規模な地上戦を繰り広げた。

解放民族戦線は中国・ソ連の援助を受けて激しく抵抗し、戦争が泥沼化したことでアメリカ国内に反戦機運が高揚した。結果アメリカは、1968年からのパリ和平会談に臨まざるを得なくなり、1975年の解放民族戦線によるサイゴン陥落をもって戦争が終結した。

どんな時代だった？

自民党55年体制が崩壊した頃、米ソの冷戦が終結した！

米ソの冷戦が続いてきた世界は、1973年、アメリカがベトナム撤退を決めたことで転機を迎える。これに伴い東アジアでの国際政治の枠組みも根底から変化し、日米中3国のつながりが形成される。ヨーロッパではイギリスのEC加盟によって、拡大ECが成立した。

こうした動きに危機感を強めたソ連は、アフガニスタンに侵攻して冷戦構造の強化を目論《もくろ》んだが、結局、1989年12月のマルタ会談によって、東西冷戦に終止符が打たれた。アメリカの軍事力に守られてきた日本でも変化に対応できない55年体制の終焉を迎えるに至る。

日本のできごと

1973年（昭和48）
▼変動相場制がスタートする。
▼第一次オイルショックが発生。

1974年（昭和49）
▼佐藤栄作《さとうえいさく》元首相がノーベル平和賞を受賞する。

1976年（昭和51）
▼ロッキード事件が起こる。

1978年（昭和53）
▼日中平和友好条約に調印。

1985年（昭和60）
▼つくば科学万博が開かれる。

1986年（昭和61）
▼ファミコンブームが起こる。

1987年（昭和62）
▼国鉄、JR各社に分割民営化。

1988年（昭和63）
▼青函《せいかん》トンネルが開業する。
▼瀬戸大橋が開通する。

1989年（昭和64）
▼昭和天皇崩御し、平成に改元。

1992年（平成4）
▼PKO協力法成立し、自衛隊がカンボジアに派遣される。

1993年（平成5）
POINT 3
▼**細川内閣が発足し、自民党、野党に**（**55年体制**崩壊）。

昭和時代 / 平成時代

世界のできごと

1973年
▼第四次中東戦争が勃発。

1975年
▼ベトナム戦争が終結する。

1979年
▼サッチャーが英首相に就任する。
▼ソ連軍、アフガニスタンに侵攻する。

1980年
▼イラン・イラク戦争が始まる。

1985年
▼**ゴルバチョフ**、ソ連共産党書記長に就任する。

1986年
▼チェルノブイリ原発事故が起こる。

1989年
POINT 1
▼**天安門事件が起こる。**
▼ベルリンの壁崩壊。東西ドイツ統一へ。
POINT 2
▼**マルタ会談によって冷戦が終結する。**

1991年
▼ゴルバチョフが大統領を辞任し、ソ連が解体される。

用語解説 55年体制

1955年秋、保守合同による自由民主党の成立と左右両派の統一による社会党の成立によって形成された保守対革新の政党体制。資本主義と社会主義の対抗を軸とし、また、社会党が衆議院で多数を占めることが出来なかったため、政権交代は実現しなかった。この体制が崩壊するのが1993年の衆議院選挙のことで、自民党が過半数を割り、細川内閣が誕生した。

歴史の現場

1993年に発足した細川内閣。

豆知識 平和賞の受賞理由

核兵器を「持たず、作らず、持ち込ませず」の、非核三原則を表明したことが評価されての受賞であった。

歴史の舞台ウラ ドイツ統一とハンガリー

1989年5月、民主化を進めるハンガリー政府が、オーストリアとの国境にある鉄条網を撤去。8月、国境地帯のショプロンで政治集会「汎ヨーロッパピクニック」が開催されると、1000人ほどの東ドイツ市民が参加した。この時、彼らは一斉に国境を越え、オーストリア側への亡命を果たした。時の東ドイツ首相ホーネッカーはこれを封じようとして逆に退陣に追い込まれ、11月9日のベルリンの壁崩壊に至る。

この人物が凄い！ ミハイル・ゴルバチョフ（1931〜）

ソ連の政治家で共産党書記長、大統領。1985年の書記長就任後、ソ連社会全体の大規模改革ペレストロイカ（刷新の意）を推進し、グラスノスチ（情報公開）を実行。ソ連の民主化・自由化を推進して軍事力を削減するなど、衰退しきっていたソ連経済の建て直しを図った。外交でも米ソ冷戦に幕を下ろすなど大きな功績を上げている。1991年8月の保守派によるクーデターを受けて大統領を辞任した。

3ポイントでわかる！ 20世紀後期(1973~ 1993年)

POINT 1 1989年 天安門事件が起こる

1989年4月に起こった自由化を求める民衆の大規模なデモは6月まで続き、北京・天安門前の広場を占拠する事態となる。李鵬《りほう》ら共産党の保守派が人民解放軍を動員してこれを弾圧したため、多くの死者を出した。

弾圧の様子はマスコミを通じて世界に伝えられ、激しい非難を浴びた中国であったが、その後も共産党の指導体制は堅持され、国内では徹底して事件を隠蔽《いんぺい》する対策がとられている。

アフガン侵攻
1979年、アフガニスタンの親ソ派がクーデターを起こし、ソ連軍が全土を制圧する
1991年解体
ソビエト連邦
ロシア連邦
1989年11月、ベルリンの壁崩壊
スウェーデン
ノルウェー
イギリス
ドイツ
ウクライナ
フランス
イタリア
スペイン
トルコ
イスラエル
イラク
イラン
アフガニスタン
パキスタン
インド
エジプト
サウジアラビア
汎ヨーロッパピクニック事件(1989年)
中華人民共和国
朝鮮半島は、東西両陣営の防波堤として分裂状態のまま
日本
日米貿易摩擦
1970年代以降、日本は2度のオイルショックを乗り越えて経済体質を強化し、貿易黒字を拡大。一方のアメリカは貿易と財政の赤字に苦しんでいた。そうしたなかアメリカは、日本車の海外輸出超過によって、自国の自動車産業が影響を受けたとし、日本に対して内需拡大と市場の開放、輸出規制を求めた
1978年日中平和友好条約
1975年ベトナム戦争が終結
カナダ
アメリカ合衆国
メキシコ
ブラジル
アルゼンチン
中東戦争(第四次)
エジプト・シリアがイスラエルに先制攻撃。イスラエルの反撃に対してアラブ諸国は石油禁輸戦略でイスラエルを支持する国を牽制
イラン・イラク戦争
1980年、イラン革命の混乱に乗じてイラクがイランに侵攻。9年もの消耗戦が続いた

POINT 2 1989年 冷戦終結

第二次世界大戦の終結以降続いてきた米ソの対立は、1988年の新ベオグラード宣言でソ連の「指導性」が否定されるなど、共産圏におけるソ連の指導体制が揺らぐなかで終焉を迎える。1989年11月のベルリンの壁崩壊の翌月、マルタ島にてアメリカのブッシュ大統領とソ連のゴルバチョフ書記長が会談して冷戦の終結を宣言した。

この時に出されたマルタ宣言によって、東欧6か国の自由化とドイツ統一が承認された。

POINT 3 1993年 自民党55年体制が崩壊

プラザ合意によるバブル経済の崩壊後、リクルート事件などの政治腐敗により短命内閣が続くと、1993年、自民党から分離した新生党と公明党・社会党などで構成する連立内閣が成立。日本新党の細川護熙《ほそかわもりひろ》内閣が誕生し、1955年以来続いてきた自民党の55年体制が崩壊した。

5分でわかる！
西洋美術の5000年史

世界には、〝巨匠〟と賞賛された人々が制作した数多くの芸術作品が残されている。

しかしラスコーやアルタミラの洞窟壁画から、写実的な絵画、抽象的な絵画など表現方法は大きく変化してきた。そうしたなかでルネサンスやバロック、ロココ、印象派などの流行が生まれたわけであるが、これらの変遷は歴史の動きと切っても切り離せない関係にある。

美術は、各時代の歴史や経済、価値観の影響を受けながら、その形を変えてきた。

人類が誇る巨匠たちの作品には、5000年の歴史が流れているといえよう。

美術の流れ

- B.C.3000 ◆B.C.3000 エーゲ文明が興る。
- B.C.1000 ◆B.C.722 アッシリアがオリエントを統一する。
- B.C.500 ◆B.C.334 アレクサンドロス大王、東征に出る。
- 0
- 200
- 400 ◆395 ローマ帝国が東西に分裂する。
- 600
- 800 ◆800 カールの戴冠。
- 1000 ◆1096 第1回十字軍遠征が行われる。
- 1200

ギリシア

紀元前4世紀までに彫刻・建築の技術が最高水準に達したヨーロッパ芸術の原点。

パルテノン神殿（ペイディアス）

ローマ

ヘレニズム諸都市から持ち込まれた古代ギリシア・エトルリア美術の影響を受けて発展。当初は写実的な表現が主流であったが、3世紀中頃から抽象化が進む。

『ディオニュソスの秘儀』
（ポンペイの壁画）
（作者不詳）

初期キリスト

西ローマ帝国の滅亡後、ゲルマン文化とキリスト教文化が融合して生まれた芸術潮流。カロリング朝期にはカール大帝により古代ローマの芸術復興が行われ、写本が発達。人物表現の図像も復活した。

サン・ヴィターレ聖堂のモザイク
（作者不詳／ラヴェンナ）

ビザンティン

聖像画「イコン」やモザイク画を中心とした、ビザンツ帝国内のキリスト教美術。8世紀に偶像破壊の嵐が吹き荒れたが、後期になるとフレスコ画が発達した。

1400

◆1348
ヨーロッパでペストが大流行する。

◆1453
ビザンツ帝国が滅亡する。

1600

◆1517
ルターが『九十五カ条の論題』を掲示する。

◆1643
ルイ14世が即位する。

1800

◆1789
フランス革命が起こる。

◆1851
ロンドンで第1回万国博覧会が行われる。

◆1905
第1次ロシア革命が起こる。

◆1914
第一次世界大戦が起こる。

◆1939
第二次世界大戦が起こる。

1950

◆1945
第二次世界大戦が終結する。

プロト・ルネサンス

キリスト教一色の中世から、古代ギリシア・ローマの文化・芸術が復興した芸術。

ゴシック

13世紀の英仏で成立した西ヨーロッパの中世美術。建築が中心であるが、写本芸術や教会を飾るステンドグラスや彫刻なども発展した。

マニエリスム

ルネサンス

『牧場の聖母』
（ラファエロ・サンツィオ／ウィーン美術史美術館）

東方貿易で富を得た商人層によりフィレンツェで開花。その後、ローマやヴェネツィアへと中心が移った。

北方ルネサンス

イタリアのルネサンスの影響を受けて、ドイツやネーデルラントで開花した芸術。

バロック

『牛乳を注ぐ女』
（ヨハネス・フェルメール／アムステルダム国立美術館）

17世紀ヨーロッパで主流となった芸術潮流で、カラヴァッジョに代表される明暗表現が特徴。

新古典主義

『サンベルナール峠を越えるボナパルト』
（ジャック＝ルイ＝ダヴィッド／マルメゾン美術館）

ポンペイなど古代遺跡の発掘を契機に生まれた芸術運動で、古代ギリシアやルネサンス芸術を規範とし、古典に学び高度な写実的作風を確立。

ロココ

フランス絶対王政下で流行した様式で、享楽主義的かつ過剰な装飾趣味が見られる。

ロマン主義

『民衆を導く自由の女神』
ウジェーヌ・ドラクロワ
（ルーヴル美術館）

新古典主義と対立した芸術運動で、神話や歴史に主題をとる従来の表現様式の殻を破った芸術。劇的、文学的主題のほか風景画にも影響を及ぼした。主な画家は、フランスのジェリコー、ドラクロワらのほか、イギリスのターナー、スペインのゴヤなど。

世紀末芸術

19世紀末に興ったラファエロ前派や分離派、表現主義などの芸術運動の草創。耽美的で神話や歴史画などの主題を好む。

『両親の家のキリスト』
（ジョン・エヴァレット・ミレー／テート・ブリテン）

現代美術

20世紀後半から21世紀までの美術。様々な角度から見たものの形を再構成して描く手法をとるキュビスムや、原色系の色彩を生かした激しいタッチが特徴のフォーヴィスムなどがある。

印象派

『ムーラン・ド・ラ・ギャレット』
（オーギュスト・ルノワール／オルセー美術館）

モデルや風景から受けた「印象」を、写実性には固執せず、明るい色彩で描き出した芸術運動。絵具のチューブが開発されたことで戸外写生が可能となったことも誕生のひとつの要因となった。主な画家は印象派の旗手となったモネやドガ。また、印象派に大きな影響を与えた存在にマネがいる。

●監修者プロフィール

祝田秀全（いわた・しゅうぜん）

東京出身。歴史学専攻。東京外国語大学アジア・アフリカ言語文化研究所共同研究員、代々木ゼミナール世界史講師を経て、現在大学受験予備校FORUM-7 OKS世界史講師。趣味は落語鑑賞、1960年代文化を研究、そしてライカ小僧。

主な著書・監修に『エリア別だから流れがつながる世界史』（朝日新聞出版）、『日本と世界の今がわかる　さかのぼり現代史』（朝日新聞出版）、『東大生が身につけている教養としての世界史』（河出書房新社）、『銀の世界史』（筑摩書房）、『歴史が面白くなる東大のディープな世界史』（中経出版）、『2時間でおさらいできる世界史』（大和書房）ほか多数。

●制作者クレジット

カバー・本文デザイン	小野寺勝弘
本文イラスト	山寺わかな
編集	株式会社ロム・インターナショナル
写真提供	朝日新聞社、fotolia
校閲	若杉穂高

【参考文献】

『山川　詳説日本史図録』詳説日本史図録編集委員会編、『日本史人物辞典』日本史広辞典編集委員会編、『詳説世界史研究』木下康彦、吉田寅、木村靖二編、『詳説日本史研究』佐藤信、高埜利彦、鳥海靖、五味文彦編、『新装版　世界史のための人名辞典』水村光男編著、『改訂版　世界史B用語集』全国歴史教育研究協議会編（以上、山川出版社）／『最新世界史図説　タペストリー』帝国書院編集部（帝国書院）／『岩波日本史辞典』永原慶二、石上英一（岩波書店）／『歴代天皇総覧ー皇位はどう継承されたか』笠原英彦、『ルネサンスの歴史（上）黄金世紀のイタリア』『ルネサンスの歴史（下）反宗教改革のイタリア 』ともにI・モンタネッリ、R・ジェルヴァーゾ著、藤沢道郎訳（以上、中央公論新社）／『歴史風景館　世界史のミュージアム』『世界史のパサージュ』（以上、東京法令出版）／『銀の世界史』祝田秀全（筑摩書房）

「地図《ちず》」と「並列年表《へいれつねんぴょう》」でよくわかる！
【超図解《ちょうずかい》】日本史《にほんし》＆世界史《せかいし》

監　修	祝田秀全
編　著	朝日新聞出版
発行者	橋田真琴
発行所	朝日新聞出版
	〒104-8011　東京都中央区築地5－3－2
	電話(03) 5541 - 8996（編集）
	(03) 5540 - 7793（販売）
印刷所	大日本印刷株式会社

ISBN　978-4-02-333271-3

定価はカバーに表示してあります。
落丁・乱丁の場合は弊社業務部（電話03-5540-7800）へご連絡ください。
送料弊社負担にてお取り替えいたします。